Livraison.

NOUVELLE

MÉTHODE DE CONJUGAISONS,

OU

DICTIONNAIRE SYNOPTIQUE

DE

TOUS LES VERBES DE LA LANGUE FRANÇAISE,

TANT RÉGULIERS QU'IRRÉGULIERS,

AVEC LEUR SIGNIFICATION PROPRE, FIGURÉE ET PRONOMINALE,

CONJUGUÉS DANS TOUS LEURS MODES, TEMPS ET PERSONNES.

CHAQUE VERBE PRÉCÉDÉ ET SUIVI DE REMARQUES ET ANNOTATIONS GRAMMATICALES,

APPUYÉES DE CITATIONS PUISÉES DANS NOS MEILLEURS AUTEURS FRANÇAIS.

PAR E. VERLAC.

PARIS.

CHEZ L'ÉDITEUR, RUE SAINTE-ANNE, 61.

CHEZ { PILOUT, libraire, rue du Roule, 24.
MARTINON, libraire, rue du Coq-St-Honoré, 4.
DUTERTRE, libraire, Passage Bourg-l'Abbé, 20.

CHEZ LES PRINCIPAUX LIBRAIRES ET MARCHANDS DE PITTORESQUES,

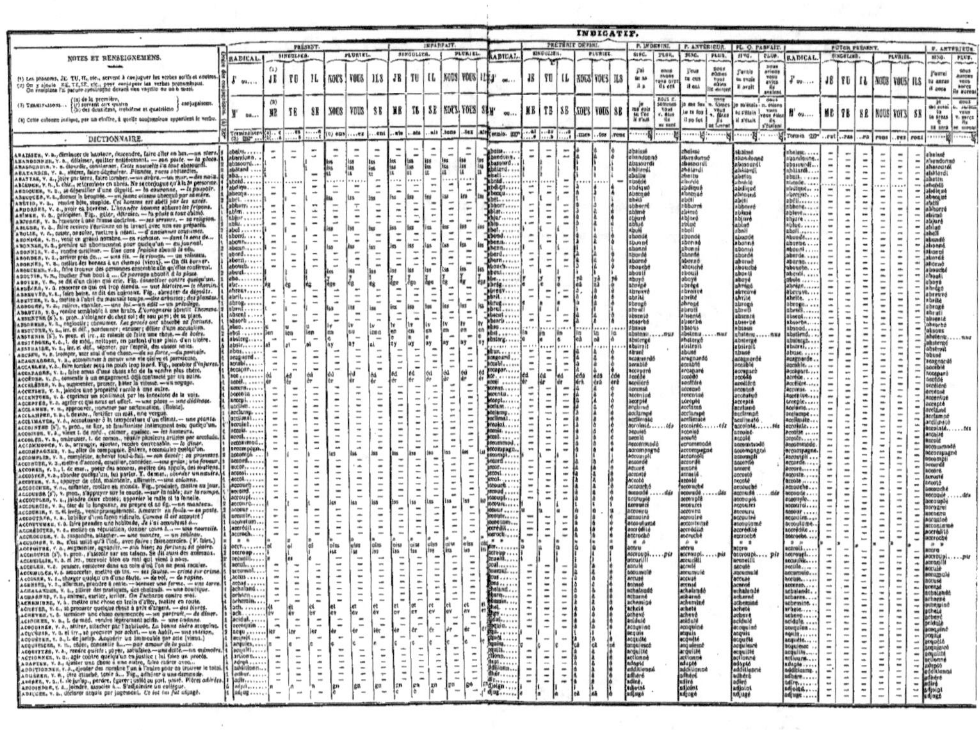

1842.

INDICATIF.

	Ordre des conjugaisons (4)	RADICAL.	PRÉSENT. Singulier. JE (1) / ME (2)	TU / TE	IL / SE	Pluriel. NOUS / NOUS	VOUS / VOUS	ILS / SE	IMPARFAIT. Singulier. JE / ME	TU / TE	IL / SE	Pluriel. NOUS / NOUS	VOUS / VOUS	ILS / SE	RADICAL.	PRÉTÉRIT DÉFINI. Singulier. JE / ME	TU / TE	IL / SE	Pluriel. NOUS / NOUS	VOUS / VOUS	ILS / SE	P. INDÉFINI. Sing. j'ai, tu as, il a / je me suis, tu t'es, il s'est	Plur. nous avons, vous avez, ils ont / nous n. sommes, vous v. êtes, ils se sont	P. ANTÉRIEUR. Sing. j'eus, tu eus, il eut / je me fus, tu te fus, il se fut	Plur. nous eûmes, vous eûtes, ils eurent / nous n. fûmes, vous v. fûtes, ils se furent	PL. Q. PARFAIT. Sing. j'avais, tu avais, il avait / je m'étais, tu t'étais, il s'était	Plur. nous avions, vous aviez, ils avaient / nous n. étions, vous v. étiez, ils s'étaient	RADICAL.	FUTUR PRÉSENT. Singulier. JE / ME	TU / TE	IL / SE	Pluriel. NOUS / NOUS	VOUS / VOUS	ILS / SE	F. ANTÉRIEUR. Sing. j'aurai, tu auras, il aura / je me serai, tu te seras, il se sera	Plur. nous aurons, vous aurez, ils auront / nous n. serons, vous v. serez, ils se seront
		J' ou... / M' ou... Terminaisons (3)	(a)...e (b)...s	...es ...s	...e ...t	(c) ons	...ez	...ent	...ais	...ais	...ait	...ions	...iez	...aient	Termin.	...ai ...s	...as ...s	...a ...t	...mes	...tes	...rent							Termin.	...rai	...ras	...ra	rons	...rez	ront		

NOTES ET RENSEIGNEMENS.

(1) Les pronoms, JE, TU, IL, etc., servent à conjuguer les verbes actifs et neutres.
(2) On y ajoute ME, TE, SE, etc., pour conjuguer les verbes pronominaux. On remplace l'E par une apostrophe devant une voyelle ou un h muet.

(3) Terminaisons... { (a) de la première, (c) servant aux quatre, (b) des deuxième, troisième et quatrième } conjugaisons.

(4) Cette colonne indique, par un chiffre, à quelle conjugaison appartient le verbe.

DICTIONNAIRE.

Dictionnaire	(4)	Radical
ABAISSER, v. a., diminuer de hauteur, descendre, faire aller en bas. — un store.	1	abaiss....
ABANDONNER, v. a., délaisser, quitter entièrement. — son poste. — la place.	1	abandonn..
ABASOURDIR, v. a. étourdir, consterner. Cette nouvelle l'a tout abasourdi.	2	abasourd...
ABATARDIR, v. a., altérer, faire dégénérer. Plantes, races abâtardies.	2	abâtard ....
ABATTRE, v. a., jeter par terre, faire tomber. — un arbre. — un mur. — des noix.	4	aba........
ABCÉDER, v. n., t. chir., se terminer en abcès. Ne se conjugue qu'à la 3e personne.	1	abcéd......
ABDIQUER, v. a., se dépouiller d'une dignité. — la couronne. — le pouvoir.	1	abdiqu.....
ABECQUER, v. a., donner la becquée. — un jeune oiseau abecqué par sa mère.	1	abecqu.....
ABÊTIR, v. a., rendre bête, stupide. Cet homme est abêti par les excès.	2	abêt.......
ABHORRER, v. a., avoir en horreur. L'honnête homme abhorre les fripons.	1	abhorr.....
ABIMER, v. a., précipiter. Fig., gâter, détruire. — la pluie a tout abîmé.	1	abîm.......
ABJURER, v. a. renoncer à une fausse doctrine. — ses erreurs. — sa religion.	1	abjur......
ABLUER, v. a., faire revivre l'écriture en la lavant avec une eau préparée.	1	ablu.......
ABOLIR, v. a., casser, annuler, mettre à néant. — d'anciennes coutumes.	2	abol.......
ABONDER, v. n., venir en grand nombre. — en richesse. — dans le sens de...	1	abond......
ABONNER, v. a., prendre un abonnement pour quelqu'un — au journal.	1	abonn......
ABONNIR, v. a., rendre meilleur. — Une cave fraîche abonnit le vin.	2	abonn......
ABORDER, v. a., arriver près de... — une île. — le rivage. — un vaisseau.	1	abord......
ABORNER, v. a., mettre des bornes à un champ (vieux). — On dit borner.	1	aborn......
ABOUCHER, v. a., faire trouver des personnes ensemble afin qu'elles confèrent.	1	abouch.....
ABOUTIR, v. n., toucher d'un bout à .... Ce passage aboutit à la place.	2	about......
ABOYER, v. n., se dit d'un chien qui crie. Fig. invectiver contre quelqu'un.	1	abo........
ABRÉGER, v. a. resserrer ce qui est trop étendu. — une histoire. — le chemin.	1	abr........
ABREUVER, v. a., faire boire, se dit des animaux. Fig., abreuver de dégoûts.	1	abreuv.....
ABRITER, v. a., mettre à l'abri du mauvais temps. — des arbustes; des plantes.	1	abrit......
ABROGER, v. a., retirer, annuler. — une loi. — un édit — un privilège.	1	abrog......
ABRUTIR, v. a., rendre semblable à une brute. L'ivrognerie abrutit l'homme.	2	abrut......
ABSENTER (s'), v. pron., s'éloigner de chez soi; de son pays; de sa place.	1	absent.....
ABSORBER, v. a., engloutir; consumer. Les procès ont absorbé sa fortune.	1	absorb.....
ABSOUDRE, v. a., irr. et déf., pardonner; excuser; délier d'une accusation.	4	abso.......
ABSTENIR (s'), v. pron. et irr., se retenir de faire une chose. — de boire.	2	abst.......
ABSTERGER, v. a., t. de méd., nettoyer, en parlant d'une plaie, d'un ulcère.	1	absterg....
ABSTRAIRE, v. a., irr. et déf., séparer, par l'esprit, des choses unies.	4	abstr......
ABUSER, v. a. tromper, user mal d'une chose. — de sa force, — du pouvoir.	1	abus.......
ACAGNARDER, v. a., accoutumer à mener une vie oisive et paresseuse.	1	acagnard...
ACCABLER, v. a., faire tomber sous un poids trop lourd. Fig., accabler d'injures.	1	accabl.....
ACCAPARER, v. a., faire amas d'une chose afin de la vendre plus chère.	1	accapar....
ACCÉDER, v. n., consentir à un engagement déjà contracté par un autre.	1	acc........
ACCÉLÉRER, v. a., augmenter, presser, hâter la vitesse. — un voyage.	1	accél......
ACCENSER, v. a., joindre une propriété rurale à une autre.	1	accens.....
ACCENTUER, v. a. exprimer un sentiment par les inflexions de la voix.	1	accentu....
ACCEPTER, v. a. agréer ce qui nous est offert. — une place — une dédicace.	1	accept.....
ACCLAMER, v. a., approuver, nommer par acclamation. (Boiste).	1	acclam.....
ACCLAMPER, v. a., t. de mar., fortifier un mât, une vergue.	1	acclamp....
ACCLIMATER, v. a., accoutumer à la température d'un climat. — une plante.	1	acclimat...
ACCOINTER (s'), v. pron., se lier, se familiariser intimement avec quelqu'un.	1	accoint....
ACCOISER, v. a., vieux t. de méd., calmer, apaiser. — les humeurs.	1	accois.....
ACCOLER, v. a., embrasser. t. de comm., réunir plusieurs articles par accolade.	1	accol......
ACCOMMODER, v. a., arranger, ajuster, rendre convenable. — le dîner.	1	accommod...
ACCOMPAGNER, v. a., aller de compagnie. Suivre, reconduire quelqu'un.	1	accompagn..
ACCOMPLIR, v. a., compléter, achever tout-à-fait. — son devoir; sa promesse.	2	accompl....
ACCORDER, v. a., mettre d'accord, concilier, concéder. — une grâce; une faveur.	1	accord.....
ACCORER, v. a., t. de mar., poser des accores, mettre des appuis, des soutiens.	1	accor......
ACCOSTER, v. a., aborder quelqu'un, lui parler. T. de mar., aborder un navire.	1	accost.....
ACCOTER, v. a., appuyer de côté, maintenir, affermir. — une colonne.	1	accot......
ACCOUCHER, v. n., enfanter, mettre au monde. Fig., produire, mettre au jour.	1	accouch....
ACCOUDER (s'), v. pron., s'appuyer sur le coude. — sur la table; sur la rampe.	1	accoud.....
ACCOUPLER, v. a., joindre deux choses; apparier le mâle et la femelle.	1	accoupl....
ACCOURCIR, v. a., ôter de la longueur, au propre et au fig. — un manteau.	2	accourc....
ACCOURIR, v. n. et irrég., venir promptement. Accourir en foule. — en poste.	3	accour.....
ACCOUTRER, v. a., habiller d'une façon ridicule. Comme il est accoutré!	1	accoutr....
ACCOUTUMER, v. a. faire prendre une habitude. Je l'ai accoutumé à...	1	accoutum...
ACCRÉDITER, v. a., mettre en réputation, donner cours à... — une nouvelle.	1	accrédit...
ACCROCHER, v. a. suspendre, attacher. — une montre, — un tableau.	1	accroch....
ACCROIRE, v. n., n'est usité qu'à l'inf., avec faire; faire accroire. (V. faire.)	[illegible]	* *
ACCROÎTRE, v. a., augmenter, agrandir. — son bien; sa fortune; sa gloire.	4	accr.......
ACCROUPIR (s'), v. pron., s'asseoir sur ses talons. Se dit aussi des animaux.	2	accroup....
ACCUEILLIR, v. a. et irr., recevoir bien ou mal qui vient à nous.	2	accueill...
ACCULER, v. a. pousser, resserrer dans un coin d'où l'on ne peut reculer.	1	accul......
ACCUMULER, v. a. amonceler, mettre en tas. — ses fautes. — crime sur crime.	1	accumul....
ACCUSER, v. a., charger quelqu'un d'une faute. — de vol, — de rapine.	1	accus......
ACENSER, v. a., affermer, prendre à rente. — donner une ferme. — une terre.	1	acens......
ACHALANDER, v. a., attirer des pratiques, des chalands. — une boutique.	1	achaland...
ACHARNER, v. a., animer, exciter, irriter. On l'acharne contre moi.	1	acharn.....
ACHEMINER, v. a., mettre une chose en train d'aller, mettre en route.	1	achemin....
ACHETER, v. a., se procurer quelque chose à prix d'argent. — des livres.	1	ach........
ACHEVER, v. a. terminer une chose commencée — un portrait, — le dîner.	1	ach........
ACIDULER, v. a., t. de méd. rendre légèrement acide. — une tisane.	1	acidul.....
ACOQUINER, v. a., attirer, attacher par l'habitude. La bonne chère acoquine.	1	acoquin....
ACQUÉRIR, v. a. et irr., se procurer par achat. — un habit, — une maison.	2	acqu.......
ACQUÊTER, v. a., t. de jurisp. Acquérir un immeuble par acte (vieux.)	1	acquêt.....
ACQUIESCER, v. n., céder, consentir à... — par amour de la paix.	1	acquiesc...
ACQUITTER, v. a., rendre quitte; payer, satisfaire. — une dette. — un mémoire.	1	acquitt....
ACTIONNER, v. a., agir contre quelqu'un en justice; lui faire un procès.	1	actionn....
ADAPTER, v. a., ajuster une chose à une autre, faire cadrer avec...	1	adapt......
ADDITIONNER, v. a., ajouter des nombres l'un à l'autre pour en trouver le total.	1	additionn..
ADHÉRER, v. n., être attaché, tenir à... Fig., adhérer à une demande.	1	adhér......
ADIRER, v. a., t. de jurisp., perdre, égarer; usité au part. passé. Pièces adirées.	1	adir.......
ADJOINDRE, v. a., joindre, associer à... S'adjoindre un collègue.	4	adjoin.....
ADJUGER, v. a., déclarer acquis par jugement. Ce lot lui fut adjugé.	1	adjug......

CONDITIONNEL. — IMPÉRATIF. — SUBJONCTIF. — INFINITIF. — PARTICIPES.

NOTES ET EXPLICATION DU TABLEAU.

Pour conjuguer, l'opération est d'autant plus simple qu'elle est toujours la même : Revenir à la colonne du Radical les différents Radicaux, et y ajouter la Terminaison. Faire précéder le tout du Pronom pris au Temps et à la Personne que l'on veut trouver.

Exception unique. Toutes les fois qu'un Radical est imprimé en caractères couchés (Italique), il n'y a point de terminaison dans le titre. Il suffit de le réunir au Radical. (Voy. le verbe Accueillir.)

(1) Terminaisons de la première conjugaison seule. Les Terminaisons des trois autres conjugaisons étant trop diverses aux temps de l'Indicatif et aux Participes, pour être placées en tête, elles se trouvent réunies aux radicaux.

(2) Le participe présent étant invariable, sa terminaison toujours en ant s'adapte à toutes les conjugaisons. C'est la seule exception à la note qui précède.

Le signe ainsi fait — est la répétition constante des terminaisons placées en tête.

SIGNIFICATION FIGURÉE ET PRONOMINALE.

Abaisser, fig. humilier, déprimer, ravaler. Pron. : *s'abaisser*, s'avilir, se dégrader.
Abandonner, fig. Laisser à la merci de... — *ses enfants*. Pron. : *s'abandonner*.
Abasourdir. Ce verbe n'est guère employé que fam. Pron. *s'abasourdir*.
S'Abâtardir. Pron., déchoir de son état naturel. Il ne s'emploie guère qu'au fig.
Abattre, fig. Affaiblir. *L'infortune n'a point abattu sa fierté*. Pron. : *s'abattre*.
Abcéder, est peu usité. *Cette tumeur abcédera*, c'est-à-dire, se résoudra en abcès.
Abdiquer s'emploie aussi absolument. *Le prince a abdiqué*.
Abecquer, ou *abécher*. *Il se plaît à abécher les petits oiseaux*.
Abêtir, neutr. devenir bête, stupide. Pron. : *s'abêtir*. *Cet enfant s'abêtit*.
s'Abhorrer, pron. *Depuis son crime il s'abhorre lui-même*.
s'Abîmer, pron. se livrer à une chose avec excès. *Il s'abîme dans l'étude*.
Abjurer, — un sentiment. *Quelle mère, abjurant la nature, prostituerait sa fille*.
Ablure signifiait autrefois laver, purifier. Pron. : *s'abluer*, se laver (Vieux).
s'Abolir, pron., tomber en désuétude. *Cette coutume s'est abolie d'elle-même*.
Abonder dans le sens d'une personne, c'est dire, c'est parler comme elle.
s'Abonner, s'engager à prendre un abonnement à un théâtre, à un ouvrage.
Abonnir, neut. devenir meilleur. Pron. *s'abonnir*. *Ce vieux pêcheur s'abonnit*.
s'Aborder, pron. se rencontrer. *Des amants ne s'abordent qu'en tremblant*.
Aborner est peu usité. Il signifie aussi mettre des bornes le long d'un mur.
s'Aboucher, pron. *Ces deux généraux en chef s'abouchèrent pour parlementer*.
Aboutir. En t. de médecine, signifie venir à suppuration en parlant des abcès. Pron.
Aboyer. Au part. passé, s'empl. fam. *Un débiteur aboyé de tous ses créanciers*.
s'Abréger, pron. *La vie s'abrège par l'incontinence et la débauche*.
Abreuver se dit aussi des plantes : *ces fleurs ont besoin d'être abreuvées*. — Pron.
Abriter. On dit aussi *Abrier* (vieux). Pron. : *s'abriter*, se mettre à l'abri de...
Abroger, ne se dit guère qu'en parlant d'une loi ou autre chose semblable. — Pron.
s'Abrutir, pron., se rendre bête. *Il s'est abruti dans la débauche*.
s'Absenter. Ne se dit pas d'une personne, mais d'un endroit.
s'Absorber, pron. Se perdre dans... *Les pluies s'absorbent dans les sables*.
Absoudre signifie aussi remettre les péchés par le sacrement de pénitence.
s'Abstenir s'emploie absolument. *Il est plus aisé de s'abstenir que de se contenir*.
Absterger, t. de méd. ; signifie aussi dissoudre les durciés et les épaississements.
Abstraire, séparer, faire abstraction ; il n'a ni prét. déf., ni imp. du subj.
Abuser. Tromper quelqu'un. Pron. : *s'abuser*, se tromper soi-même.
s'Acagnarder, pron. *Il s'acagnarde au coin du feu*. — *dans son château*.
Accabler fig. — *de grâces* — *de caresses*. — Pron. *s'accabler*. — de travail.
Accaparer, — *les blés*. — *les bois*, pour se rendre maître du prix.
Accéder, consentir. *Les puissances du Nord ont accédé à notre proposition*.
Accélérer, expédier promptement. — *Accélérer une affaire*. Pron. *s'accélérer*.
Accenser. Réunir une terre sous la même division, sous la même dépendance.
Accentuer. Mettre des accents sur les voyelles. *Lettres accentuées*.
Accepter, fig. — *une lettre de change*, c'est s'engager, par écrit, à la payer.
Acclamer un général, un magistrat, c'était l'élire par acclamation.
Acclamper. Consolider un mât en y attachant des pièces de bois de chaque côté.
s'Acclimater, pron., se faire à un nouveau climat. *L'homme s'acclimate partout*.
s'Acoquiner, former de mauvaises sociétés. *Il s'est acoquiné de mauvais sujets*.
Accoiser, apaiser, calmer. — *Accoisez la tempête*, — *les flots*.
Accolé. Se dit de deux choses réunies. Pron. : *s'accoler*. *Ils s'accolèrent avec amitié*.
s'Accommoder, pron., se servir de... se conformer à... *Il s'accommode de tout*.
s'Accompagner, faire soi-même, en chantant, des accords sur un instrument.
s'Accomplir, pron., s'effectuer. *Il faut que la prophétie s'accomplisse*.
s'Accorder, pron., se mettre d'accord. — vivre en bonne intelligence.
Accorer un vaisseau, c'est l'étayer pendant le temps de sa construction.
s'Accoster, pron., hanter quelqu'un. Ne se dit qu'en mauvaise part.
s'Accoter, pron., s'appuyer de côté contre quelque chose. — *contre un mur*.
Accoucher, aider à mettre un enfant au monde. *Ce médecin a accouché ma sœur*.
s'Accouder pron. — *sur son fauteuil*. — *sur son cheval*, — *sur son cheval*.
s'Accoupler, pron., s'unir pour la génération, en parlant des animaux.
s'Accourcir, pron., devenir plus court. *Les jours s'accourcissent de plus en plus*.
Accourir, fig., — *à l'immortalité par le chemin de la vertu*.
s'Accoutrer, pr., s'habiller ridiculement, ne s'emploie guère que familièrement.
s'Accoutumer, pron., prendre l'habitude de... *Il s'est accoutumé au froid*.
s'Accréditer, pron., prendre du crédit. *Cette nouvelle s'est accréditée*.
s'Accrocher, pron., s'attacher à quelqu'un, à quelque chose.
Accroire (Faire) signifie faire croire ce qui n'est pas, et alors il prend le sens actif.
Accroître, neut., devenir plus grand. *Son revenu accroît tous les jours*.
s'Accroupir, pron. — *auprès du feu*. *Les nègres s'accroupirent pour manger*.
Accueillir, se dit aussi figurément des accidents fâcheux. *La misère l'a accueilli*.
s'Acculer, se ranger, se serrer dans un coin pour s'y défendre.
s'Accumuler, pron., s'augmenter. *Nos peines s'accumulent sans cesse*.
s'Accuser, pron., déclarer ses fautes en confession. *Il faut s'accuser de ses péchés*.
Acenser. *Il a acensé six arpents de terre à raison de dix francs de rente*.
s'Achalander, pron., ce magasin *s'achalande bien depuis quelque temps*.
s'Acharner, pron., signifie aussi s'attacher. *Il s'acharne au jeu*. — *à la chasse*.
s'Acheminer, pron., diriger ses pas vers un lieu, se mettre en chemin.
Acheter des bans c'est obtenir les dispenses de faire publier les bans de mariage.
Achever, ruiner sans ressource. *Voilà de quoi l'achever*, *consommer sa perte*.
Aciduler, rendre aigre, piquant. *Il faut aciduler les boissons de ce malade*.
s'Acoquiner, pron., s'adonner trop à une chose. *Il s'acoquine à la bonne chère*.
s'Acquérir, pron., se procurer. *S'acquérir* une personne, se l'attacher.
Acquêter. Ce verbe ne s'emploie que rarement dans les discussions de jurisp.
Acquiescer, consentir. *Le ministre a fini par acquiescer à ma demande*.
s'Acquitter, remplir une obligation. *Il s'est acquitté de tous ses devoirs*.
s'Actionner, pron. fam., se donner du mouvement pour une chose, travailler à.
s'Adapter, pron., se joindre. *Cet exorde peut s'adapter à plusieurs sujets*.
s'Additionner, pron. *Ces chiffres sont mal groupés et ne peuvent s'additionner*.
Adhérer signifie proprement être joint. *La pierre adhère à la vessie*.
s'Adirer, pron. (vieux), s'égarer de son chemin. *Il s'est adiré dans la forêt*.
s'Adjoindre, pron. *Il ne pourra faire ce travail s'il ne s'adjoint quelqu'un*.
Adjuger. Dans une vente, donner la préférence à celui qui offre le plus.

NOTES ET RENSEIGNEMENTS.

(1) Les pronoms, JE, TU, IL, etc., servent à conjuguer les verbes actifs et neutres.
(2) On y ajoute ME, TE, SE, etc., pour conjuguer les verbes pronominaux. On remplace l'E par une apostrophe devant une voyelle ou un h muet.

(3) Terminaisons... { (1) de la première, (2) servant aux quatre, (3) des deuxième, troisième et quatrième } conjugaisons.

(4) Cette colonne indique, par un chiffre, à quelle conjugaison appartient le verbe.
(*) Remplacer les pronoms il, ils, par elle, elles pour conjuguer au féminin.

DICTIONNAIRE.

Dictionnaire	Ordre des conjugaisons (4)	Radical
ADJURER, v. a., supplier, commander de faire une chose. — au nom de Dieu.	1	adjur
ADMETTRE, v. a., recevoir, agréer une personne ou une chose. — à sa table.	4	adm
ADMINISTRER, v. a., régir, gouverner. — la justice, — les sacrements.	1	administr
ADMIRER, v. a., considérer avec une surprise mêlée de plaisir.	1	admir
ADMONESTER, v. a., quelques-uns écrivent admonester, réprimander en justice.	1	admon
ADONISER, v. a., parer avec une extrême recherche, avec affectation.	1	adonis
ADONNER (s'), v. pron., s'attacher avec soin, avec passion à quelque chose.	1	adonn
ADOPTER, v. a., considérer comme sien. Adopter un enfant, lui servir de père.	1	adopt
ADORER, v. a., rendre à Dieu le culte qui n'est dû qu'à lui seul.	1	ador
ADOSSER, v. a., mettre le dos contre... Adosser un enfant contre un arbre.	1	adoss
ADOUBER, v. a., t. de jeu d'échecs, toucher une pièce sans la jouer.	1	adoub
ADOUCIR, v. a., rendre doux; corriger la rudesse. — une expression. — la voix.	2	adouc
ADRESSER, v. a., envoyer directement à quelqu'un. — une lettre, — un paquet.	1	adress
ADULER, v. a., flatter par intérêt. — un prince. — Il adule cette femme.	1	adul
ADULTÉRER, v. a., t. de pharm. et de jurisp., altérer, falsifier.	1	adultér
AÉRER, v. a., donner de l'air, chasser le mauvais air. — une chambre.	1	aér
AFFADIR, v. a., rendre fade. — une sauce. Fig. les louanges affadissent le cœur.	2	affad
AFFAIBLIR, v. a., ôter de la force, diminuer. Fig. rendre moins vif, abattre.	2	affaibl
AFFAISSER, v. a., courber sous une charge trop lourde; faire plier sous le faix.	1	affaiss
AFFAITER, v. a., t. de fauconnerie, apprivoiser un oiseau de proie.	1	affait
AFFALER, v. a., t. de mar., peser sur un cordage pour le faire descendre.	1	affal
AFFAMER, v. a., causer la faim, prendre, ôter les vivres. — une ville assiégée.	1	affam
AFFÉAGER, v. a., t. de coutume, donner à fiage, en fief, de confiance, sans écrit.	1	afféag
AFFECTER, v. a., faire ostentation d'une chose, en faire un usage excessif.	1	affect
AFFECTIONNER, v. a. aimer, préférer, avoir de l'affection pour....	1	affectionn
AFFERMER, v. a., céder la jouissance d'une propriété moyennant paiement.	1	afferm
AFFERMIR, v. a., rendre consistant, durable et ferme. — le courage, l'autorité.	2	afferm
AFFICHER, v. a., informer par les affiches. — une loi, — une ordonnance.	1	affich
AFFILER, v. a., aiguiser un instrument tranchant. — un couteau, un poignard.	1	affil
AFFILIER, v. a., associer, admettre à une corporation, à une communauté.	1	affili
AFFINER, v. a., rendre plus fin, plus pur; purifier par le feu.	1	affin
AFFIRMER, v. a., assurer, soutenir qu'une chose est telle qu'on le dit.	1	affirm
AFFLEURER, v. a., mettre deux choses contiguës au même niveau.	1	affleur
AFFLIGER, v. a., causer de la douleur, de la peine; mortifier, désoler.	1	afflig
AFFLUER, v. n., couler en abondance. Fig., arriver en foule. Tout afflue ici.	1	afflu
AFFOLER, v. n., être passionné jusqu'à la folie. Il affole de cette musique.	1	affol
AFFOURCHER, v. a., t. de mar., disposer deux ancres mouillées en forme de fourche.	1	affourch
AFFRANCHIR, v. a., rendre libre. Fig., exempter d'une servitude. — une lettre.	2	affranch
AFFRÉTER, v. a., t. de m., prendre un vaisseau à louage, en totalité ou en partie.	1	affr
AFFRIANDER, v. a., rendre friand, attirer par quelque chose d'agréable.	1	affriand
AFFRIOLER, v. a. attirer par quelque appât. — un oiseau.	1	affriol
AFFRONTER, v. a., attaquer de front et avec hardiesse. — l'ennemi.	1	affront
AFFUBLER, v. a., habiller d'une manière étrange. Fig., s'affubler de quelqu'un.	1	affubl
AFFÛTER, v. a., dresser un canon sur son affût. — aiguiser des outils.	1	affût
AGACER, v. a., causer un effet désagréable aux dents. Fig., taquiner, irriter.	1	agac
AGENCER, v. a., arranger, mettre en ordre. Tout cela est assez bien agencé.	1	agenc
AGENOUILLER (s'), v. pron., poser les genoux par terre. Se dit aussi des animaux.	1	agenouill
AGGLOMÉRER, v. a., assembler, amonceler mettre l'un sur l'autre.	1	agglomér
AGGLUTINER, t. de méd., rejoindre, réunir les chairs séparées par une plaie.	1	agglutin
AGGRAVER, v. a., rendre plus grave, plus difficile. — sa faute, — sa peine.	1	aggrav
AGIOTER, v. n., vendre ou acheter des effets sur les fonds publics.	1	agiot
AGIR, v. n., faire quelque chose. — en honnête homme. — avec prudence.	2	ag
AGITER, v. a., mouvoir, secouer, ébranler. Fig., troubler. La colère l'agite.	1	agit
AGNELER (*), v. n., se dit d'une brebis qui met bas. — Se conjugue à la 3e pers.	1	agn
AGONISER, v. n., être à l'agonie. Se dit d'un malade mourant. — il agonise.	1	agonis
AGRAFER, v. a., attacher avec une agrafe. — une robe, — un manteau.	1	agraf
AGRANDIR, v. a., rendre, faire plus grand. — ses domaines, — sa puissance.	2	agrand
AGRÉER, v. a., accueillir favorablement. — une proposition, — une demande.	1	agré
AGRÉGER, v. a., recevoir, associer, admettre dans une société, dans un corps.	1	agrég
AGRIFFER (s'), v. pr., s'attacher avec les griffes. Le chat s'agriffe à votre robe.	1	agriff
AGRIPPER, v. a., prendre, saisir avidement. Elle agrippe tout ce qu'elle voit.	1	agripp
AGROUPER, v. a., t. de peint., disposer en groupe. Voy. GROUPER.	1	agroup
AGUERRIR, v. a., habituer aux fatigues de la guerre. Fig., — à la raillerie.	2	aguerr
AHANER, v. n., cri pénible que fait entendre un fendeur de bois. Ahan!	1	ahan
AHEURTER, v. p. obstiner. Vieux mot qui ne s'emploie plus.	1	aheurt
AHURIR, v. a., étourdir, troubler, déconcerter. — à force de questions.	2	ahur
AIDER, v. a., assister, porter secours, — servir, contribuer à..	1	aid
AIGRIR, v. a., rendre aigre: le levain aigrit la pâte. Fig., irriter. — le caractère.	2	aigr
AIGUAYER, v. a., laver dans l'eau. — un cheval; le baigner à la rivière.	1	aiguay
AIGUILLER, v. a., t. de chir., ôter la cataracte de l'œil avec une aiguille.	1	aiguill
AIGUILLETER, v. a., signifie attacher avec des aiguillettes. T. de mar., lier a...	1	aiguill
AIGUILLONNER, v. a., piquer un bœuf avec l'aiguillon. Fig., exciter, animer.	1	aiguillon
AIGUISER, v. a., rendre plus pointu, plus aigu, plus tranchant. — un couteau.	1	aiguis
AIMANTER, v. a., transmettre la propriété de l'aimant à un autre corps.	1	aimant
AIMER, v. a., avoir de l'attachement, de l'amitié pour quelqu'un. — Dieu.	1	aim
AIRER, v. n., t. de fauc., faire son nid. Ne se conjugue qu'à la 3e personne.	1	air
AJOURNER, v. a., remettre à un autre jour. — une cause, — une partie.	1	ajourn
AJOUTER, v. a., joindre une chose à une autre, mettre davantage.	1	ajout
AJUSTER, v. a., rendre juste au poids, une balance. — un habit à sa taille.	1	ajust
ALAMBIQUER, v. a. passer à l'alambique. Fig. discours alambiqué.	1	alambiqu
ALARGUER, v. a., prendre le large, s'éloigner d'un vaisseau ou de la côte.	1	alargu
ALARMER, v. a., causer de l'épouvante, de l'inquiétude, donner l'alarme.	1	alarm
ALCALISER, v. a., t. de chim., tirer l'alcali d'un sel neutre par le moyen du feu.	1	alcalis
ALCOOLISER, v. a., t. de chim., réduire en poudre impalpable.	1	alcoolis
ALEVINER, v. a., jeter du menu poisson, de l'alevin dans un étang.	1	alevin
ALIÉNER, v. a., céder, vendre, transférer une propriété — une rente. — son bien.	1	alién
ALIGNER, v. a., mettre sur une même ligne droite. — des arbres.	1	align
ALIMENTER, v. a., nourrir, fournir des aliments nécessaires. Fig., entretenir.	1	aliment
ALITER, v. a., réduire à garder le lit, cette fièvre l'a alité.	1	alit
ALLAITER, v. a., nourrir un enfant de son lait. Se dit aussi des mammifères.	1	allait

INDICATIF.

RADICAL.	PRÉTÉRIT DÉFINI. Singulier: JE / ME	TU / TE	IL / SE	Pluriel: NOUS	VOUS	ILS / SE	P. INDÉFINI. Sing.	Plur.	P. ANTÉRIEUR. Sing.	Plur.	PL. Q. PARFAIT. Sing.	Plur.	RADICAL.	FUTUR PRÉSENT. Singulier: JE / ME	TU / TE	IL / SE	Pluriel: NOUS	VOUS	ILS / SE	F. ANTÉRIEUR. Sing.	Plur.
J' ou... / M' ou...							j'ai, tu as, il a / je me suis, tu t'es, il s'est	nous avons, vous avez, ils ont / nous n. sommes, vous v. êtes, ils se sont	j'eus, tu eus, il eut / je me fus, tu te fus, il se fut	nous eûmes, vous eûtes, ils eurent / nous n. fûmes, vous v. fûtes, ils se furent	j'avais, tu avais, il avait / je m'étais, tu t'étais, il s'était	nous avions, vous aviez, ils avaient / nous n. étions, vous v. étiez, ils s'étaient	J' ou... / M' ou...							j'aurai, tu auras, il aura / je me serai, tu te seras, il se sera	nous aurons, vous aurez, ils auront / nous n. serons, vous v. serez, ils se seront
Termin.	...ai / ...is	...as / ...is	...a / ...it	...mes	...tes	...rent							Termin.	...rai	...ras	...ra	...rons	...rez	...ront		

CONDITIONNEL.											IMPÉRATIF.				SUBJONCTIF.
PRÉSENT.							PASSÉ.		ON DIT AUSSI		PRÉSENT OU FUTUR.				PRÉSENT OU FUTUR.
RADICAL	SINGULIER.			PLURIEL.			SING.	PLUR.	SING.	PLUR.	RADICAL	SING.	PLURIEL.		SINGULIER.
J' ou.	JE	TU	IL	NOUS	VOUS	ILS	j'aurais tu aurais il aurait	nous aurions vous auriez ils auraient	j'eusse tu eusses il eût	nous eussions vous eussiez ils eussent					que JE
M' ou.	ME	TE	SE	NOUS	VOUS	SE	je me serais tu te serais il se serait	nous n. serions vous v. seriez ils se seraient	je me fusse tu te fusses il se fût	nous n. fussions vous v. fussiez ils se fussent		-TOI	-NOUS	-VOUS	que ME
Termin.	rais	rais	rait	rions	riez	raient					Termin.		ons	ez	

SUBJONCTIF (suite)						INFINITIF.			PARTICIPES.					Ordre des conjugaisons.
PASSÉ.		PL. Q. PARFAIT.				RADICAL	prés.	passé.	présent.	PASSÉ.			futur.	
SING.	PLUR.	SING.	PLUR.							masc.	fémin.	comp.		
que j'aie que tu aies qu'il ait	que n. ayons que v. ayez qu'ils aient	que j'eusse que tu eusses qu'il eût	q. nous eussions q. vous eussiez qu'ils eussent					avoir				ayant	devoir	
que je me sois que tu te sois qu'il se soit	q. nous n. soyons q. vous v. soyez qu'ils se soient	q. je me fusse q. tu te fusses qu'il se fût	q. n. n. fussions q. vous v. fussiez qu'ils se fussent			SE		être				s'étant	devoir se	
		Prépositions (4). à, de, par, pour				Terminais. (1)	...er	...é	(2) ant	...é	...ée	...é	...er	

NOTES ET EXPLICATION DU TABLEAU.

Pour conjuguer, le moyen est d'autant plus simple qu'il est toujours le même : réunir au *radical* les différents *modificatifs*, et y ajouter la *terminaison* placée en tête. Faire précéder le tout du pronom pris à la personne et au temps que l'on veut écrire.

Exception unique. Lorsque le *modificatif* est imprimé en caractères italiques, la terminaison s'y trouve réunie. Il suffit de le joindre au *radical*. (Voy. le verbe *Accueillir*.)

(1) Terminaisons de la première conjugaison seule. Les terminaisons des trois autres conjugaisons étant trop diverses aux temps de l'*infinitif* et aux participes, pour être placées en tête, elles se trouvent réunies aux *modificatifs*.

(2) Le participe présent étant invariable, sa terminaison toujours en *ant* s'adapte à toutes les conjugaisons. C'est la seule exception à la note qui précède.

Le signe ainsi fait — est la répétition constante des *terminaisons* placées en tête. Il indique aussi l'auxiliaire du verbe, et la préposition que gouverne l'infinitif.

(3) Auxiliaires du verbe. (4) Prépositions que le verbe exige à sa suite. — Pour conjuguer avec l'auxil. *être*, on retranche le second pronom des verbes pronominaux.

SIGNIFICATION FIGURÉE ET PRONOMINALE.

s'Adjurer, pron. Napoléon Landais seul l'indique. (Il est peu usité.)
Admettre, sign. aussi reconnaître pour vrai. *Les protestants admettent l'Évangile.*
Administrer, terme de jurisp., fournir, administrer des preuves, — *des témoins.*
s'Admirer, avoir de l'admiration pour soi-même. *L'ignorant s'admire.*
Admonéter. Ce verbe n'est employé qu'en jurisp. *Le juge l'admonéta sévèrement.*
s'Adoniser, pron. *Ce jeune homme aime à s'adoniser*, à se parer.
s'Adonner, fréquenter un lieu, une société. *Il s'adonne au cabaret, aux joueurs.*
Adopter, choisir de préférence. *Ce peintre a adopté cette manière.*
Adorer, par exagération, aimer quelqu'un avec une passion excessive.
s'Adosser, s'appuyer contre. *Il était si fatigué, qu'il s'adossa contre un arbre.*
Adouber, terme de mar., faire à un vaisseau les réparations nécessaires.
s'Adoucir, pron., s'apaiser, se modérer. *Notre homme s'est un peu adouci.*
s'Adresser, pron., avoir recours à quelqu'un. *Il s'adressa au roi pour cette affaire.*
s'Aduler, pron., se flatter sottement. *Le fat s'adule sans cesse.*
Adultérer, terme de numismatique, — *les monnaies*, y mettre trop d'alliage.
s'Aérer, pron., se donner de l'air. Napoléon Landais seul l'indique.
Affadir, fig. : — *un discours par des idées trop doucereuses.*
s'Affaiblir, pron., diminuer de force. *Ce parti s'affaiblit tous les jours.*
s'Affaisser, pron., se courber sous le poids. Fig. : *il s'affaisse sous le poids des années.*
Affaîter, terme d'architecture, réparer le faîte d'un bâtiment.
s'Affaler, terme de mar., être entraîné à la côte. *Ce vaisseau est près de s'affaler.*
Affamer, fig. : — *un habit*, — *un ameublement*, c'est en épargner l'étoffe.
Afféager. C'était donner une terre, un domaine à condition de servage.
s'Affecter, pron., se chagriner. Affecter, en jurisp. hypothéquer, engager.
s'Affectionner, pron., s'attacher à une personne ou à une chose.
s'Affermer, pron., en usage à la 3e pers. seulement. *Ces terres s'afferment bien.*
s'Affermir, pron., se rendre plus ferme. *Il s'affermit contre le danger.*
s'Afficher, pron., se conduire de manière à se faire connaître désavantageusement.
Affiler, terme de jardin., aligner, mettre à la file. — *des arbres*. — *des allées.*
s'Affilier, pron., s'unir à une corporation ; s'y joindre comme membre.
Affiner, fig. : surprendre par quelque finesse. *Il affine ce paysan* (style [illegible]).
Affirmer, sign. absolue, marquer l'affirmation. *Cette maxime affirme.*
Affleurer, joindre, unir parfaitement certaines pièces.
s'Affliger, pron., s'attrister, avoir du chagrin, de la douleur.
Affluer, se rendre en un même canal. *Plusieurs rivières affluent dans la Seine.*
s'Affoler, pron., être épris, engoué. *S'affoler de quelqu'un.*
Affourcher, terme de charp. : — *deux pièces de bois*, les disposer en fourche.
s'Affranchir, pron., ne s'emploie qu'au fig. : *s'affranchir de l'étiquette.*
Affréter, signifie aussi équiper, charger un navire.
s'Affriander, pron., se laisser séduire par des cajoleries ou des promesses.
s'Affrioler, même signification que le verbe précédent.
Affronter. Se disait autrefois au Tribunat pour confronter.
s'Affubler, pron., se vêtir d'une manière bizarre et ridicule.
Affûter, terme d'artill., disposer sur l'affût pour mirer et tirer.
s'Agacer, pron., s'attaquer, se provoquer mutuellement.
s'Agencer, pron. famil. : s'ajuster avec soin, — ne se dit que de petites choses.
s'Agenouiller. On dit aussi, dans un sens actif, faire agenouiller.
s'Agglomérer, pron. toujours neutre. *Les sables se sont agglomérés.*
Agglutiner, terme de méd., consolider par des substances glutineuses, gommeuses.
s'Aggraver, pron., s'augmenter. *Son mal s'aggrave chaque jour.*
Agioter, tirer un intérêt excessif et usuraire de son argent.
Agir, fig. : opérer. — *Ce remède agit puissamment sur lui.*
s'Agiter, se troubler, se gonfler. *Les flots s'agitent avec violence.*
Agneler. *Cette brebis est nouvellement agnelée d'un joli petit agneau.*
Agonir, d'après Landais, accabler d'injures, de reproches grossiers.
s'Agrafer, pron., s'attacher à... en ce sens vieux et popul..
s'Agrandir, pron., étendre ses biens. Fig. : s'élever à une dignité plus grande.
Agréer, neut., plaire, convenir... *son service m'agrée*, *m'est agréable.*
Agréger, terme de phys., unir, mélanger des substances hétérogènes.
s'Agriffer, fig. : s'accrocher, se rattraper à quelque chose, fam. et popul.
s'Agripper, fig. : terme [illegible], importuner. *Il s'agrippe après moi.*
Agrouper, terme d'archit., agrouper des colonnes, les disposer deux à deux.
s'Aguerrir, pron. *Les soldats français s'aguerrissent promptement.*
Ahaner, avoir de la peine en faisant quelque chose.
s'Aheurter, pron., s'attacher fortement à. *Il s'aheurte à son opinion.*
Ahurir, interdire ou rendre stupéfait. *Il est tout ahuri de cette nouvelle.*
s'Aider, pron., se donner de la peine, se servir, faire usage de...
s'Aigrir, perdre son goût naturel. Fig. : s'irriter, prendre une humeur mauvaise.
Aiguayer, terme de blanchiss., plonger le linge dans l'eau avant de le tordre.
Aiguiller, t. de filat., aiguiller la soie, la nettoyer avec une aiguille sur le dévidoir.
Aiguilleter, terme de mar., amarrer les canons dans un gros temps.
Aiguillonner. Ce verbe est peu usité au propre. Il ne s'emploie guère qu'au figuré.
Aiguiser, fig. : rendre plus subtil, plus pénétrant. *La critique aiguise l'esprit.*
Aimanter, toucher, frotter avec l'aimant *l'aiguille d'une boussole.*
s'Aimer, pron., aimer sa propre personne, se plaire, se soigner avec excès.
Airer, terme de fauc. Il ne se dit qu'en parlant des gros oiseaux, comme l'aigle.
Ajourner, assigner quelqu'un à certain jour en justice. — *une délibération.*
Ajouter, augmenter, amplifier, — *à un conte.* — *à la lettre.* — *à un mémoire.*
s'Ajuster, pron., se préparer, se disposer. — *pour tirer au blanc.*
s'Alambiquer, pron., se tourmenter, s'épuiser. *S'alambiquer l'esprit, la cervelle.*
s'Alarguer, pron., à la 3e pers. seul. *La chaloupe s'alargue du navire.*
s'Alarmer, pron., prendre l'alarme, s'épouvanter. *Il s'alarme pour des riens.*
Alcaliser, t. de chim., communiquer les qualités alcalines à une substance.
Alcooliser, t. de ch., purger les essences des impuretés qu'elles pourraient contenir.
Aleviner. L'alevin est le menu poisson qui sert à peupler les étangs.
s'Aliéner, pron., quitter le parti de ceux avec qui l'on s'était associé.
s'Aligner, pron., se ranger, se disposer sur une ligne droite.
Alimenter, fig. : entretenir — *la guerre civile.* — *S'alimenter*, pron., se nourrir.
s'Aliter, pron., se mettre au lit pour cause de maladie, d'indisposition.
Allaiter ou *alaiter*. Ne peut s'employer pronominalement.

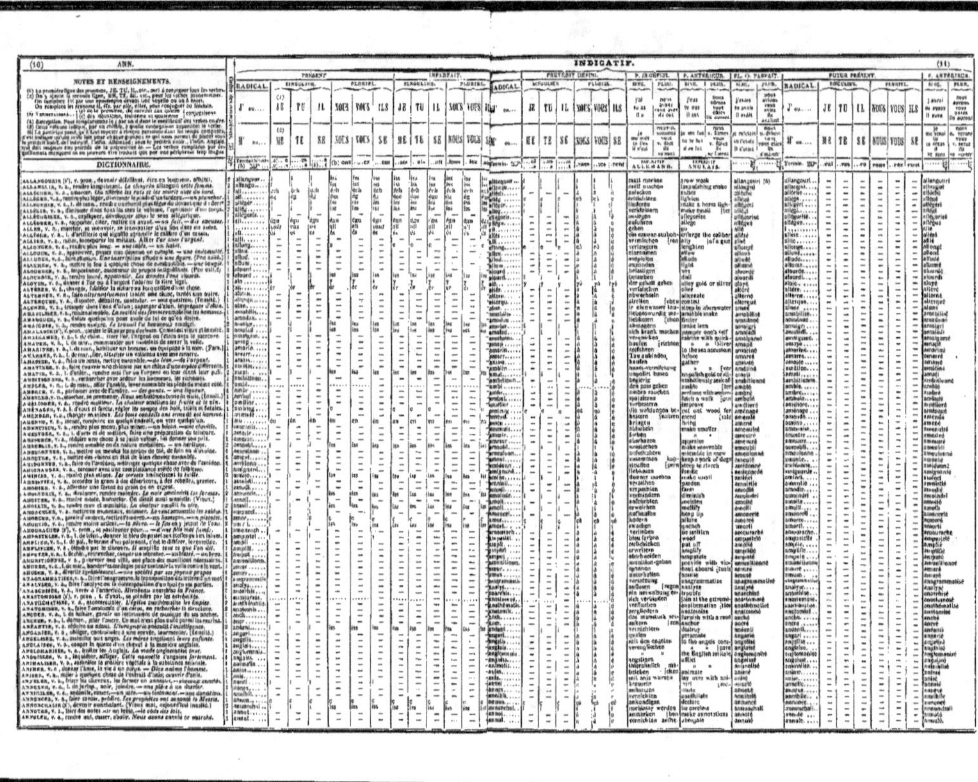

NOTES ET RENSEIGNEMENTS.

(1) La première ligne des pronoms, JE, TU, IL, etc., sert à conjuguer tous les verbes.
(2) On y ajoute la seconde ligne, ME, TE, SE, etc., pour les verbes pronominaux.
On remplace l'E par une apostrophe devant une voyelle ou un h muet.
On remplace les pronoms il, ils, par elle, elles, pour conjuguer au féminin.
(3) Terminaisons... (b) de la première, (c) des deuxième, troisième et quatrième conjugaisons.
(4) Exception. Nous remplacerons le j par un d dans le radical des verbes en dre.
(5) Cette colonne indique, par un chiffre, à quelle conjugaison appartient le verbe.
(6) Le participe passé, qu'il faut répéter à chaque personne dans les temps composés, n'est indiqué qu'une seule fois pour chaque groupe; ce qui nous permet de placer sous le présent indéf. de l'indicatif, l'infin. Allemand; sous le passé antérieur, l'infin. Anglais qui doit toujours être précédé de la préposition to. — Les verbes remplacés par des guillemets manquent ou ne peuvent être traduits que par une périphrase trop longue.

Tableau de conjugaison — INDICATIF : Présent (Singulier : JE, TU, IL ; Pluriel : NOUS, VOUS, ILS), Imparfait, Prétérit défini, P. indéfini (j'ai, tu as, il a ; nous avons, vous avez, ils ont), P. antérieur (j'eus, tu eus, il eut ; nous eûmes, vous eûtes, ils eurent), Pl. q. parfait (j'avais, tu avais, il avait ; nous avions, vous aviez, ils avaient), Futur présent, F. antérieur (j'aurai, tu auras, il aura ; nous aurons, vous aurez, ils auront). Pronominaux : ME, TE, SE, NOUS, VOUS, SE (je me suis, tu t'es, il s'est ; nous nous sommes, vous v. êtes, ils se sont ; je me fus… ; je m'étais…). Colonnes RADICAL : J'… / M'… ; Terminaisons (3).

DICTIONNAIRE.

Dictionnaire	Conj. (5)	Infinitif allemand	Infinitif anglais	Participe passé
ALLANGOURIR (s'), v. pron., devenir défaillant, être en langueur, affaibli.	2	matt werden	grow weak	allangouri (6)
ALLANGUIR, v. a., rendre languissant. *Le chagrin allanguit cette femme.*	2	matt machen	languishing make	allangui
ALLÉCHER, v. a., amorcer. *On allèche les rats et les souris avec du lard.*	1	anlocken	entice	alléché
ALLÉGER, v. a., rendre plus léger, diminuer le poids d'un fardeau. — un plancher.	1	erleichtern	lighten	allégé
ALLÉGIR, v. a., t. de man., rendre un cheval plus léger du devant que du derr.	2	lindern	make a horse ligh-[ter]	allégi
ALLÉGIR, v. a., diminuer dans tous les sens le volume, l'épaisseur d'un corps.	2	verkleinern	make small	allégi
ALLÉGORISER, v. a., expliquer, développer selon le sens allégorique.	1	auslegen	allegorize	allégorisé
ALLÉGUER, v. a., rapporter, citer, mettre en avant. — un fait. — des excuses.	1	anführen	allege	allégué
ALLER, v. n., marcher, se mouvoir, se transporter d'un lieu dans un autre.	1	gehen	go	allé
ALLÉSER, v. a., t. d'artillerie qui signifie agrandir le calibre d'un canon.	1	ein canone ausboh-[ren]	enlarge the caliber [of a gun]	allésé
ALLIER, v. a., mêler, incorporer les métaux. *Allier l'or avec l'argent.*	1	vermischen	ally	allié
ALLONGER, v. a., rendre plus long. — *une cable.* — *un habit.*	1	verlängern	lenghten	allongé
ALLOUER, v. a., approuver, passer une dépense en compte. — *une indemnité.*	1	einräumen	allow	alloué
ALLUDER, v. a., faire allusion. *Une inscription allude à une figure.* (Peu usité.)	1	anspielen	allude	alludé
ALLUMER, v. a., mettre le feu à quelque chose de combustible. — une bougie.	1	anzünden	light	allumé
ALOURDER, v. a., importuner, assommer de propos insignifiants. (Peu usité.)	1	belästigen	vex	alourdé
ALOURDIR, v. a., rendre lourd, appesantir. *Les années l'ont alourdi.*	2	betäuben	dull	alourdi
ALOYER, v. a., donner à l'or ou à l'argent l'aloi ou la titre légal.	1	der gehalt geben	alloy gold or silver	aloyé
ALTÉRER, v. a., changer, falsifier la nature ou la qualité d'une chose.	1	verfälschen	alter	altéré
ALTERNER, v. n., faire *alternativement* tantôt une chose, tantôt une autre.	1	abwechseln	alternate	alterné
ALTERQUER, v. a., disputer, débattre, contester. — *une question.* (Inusité.)	1	streiten	contest	alterqué
ALUNER, v. a., tremper dans l'eau d'alun; asperger d'alun, imprégner d'alun.	1	ir alaunwasser tau-[chen]	steep in alumwater	aluné
AMABILISER, v. a., rendre aimable. *La société des femmes amabilise les hommes.*	1	liebenswürdig ma-[chen]	amiable make	amabilisé
AMADOUER, v. a., flatter quelqu'un pour avoir de lui ce qu'on désire.	1	liebkosen	flatter	amadoué
AMAIGRIR, v. a., rendre maigre. *Le travail l'a beaucoup amaigri.*	2	abmagern	make lean	amaigri
AMALADIR (s'), v. pron., garder le lit pour peu de chose. Cet ...	2	sich krank machen	pamper one's self	amaladi
AMALGAMER, v. a., t. de chim., unir l'or, l'argent ou l'étain avec le mercure.	1	verquicken	combine with quick-[silver]	amalgamé
AMAYER, v. n., t. de mar., commander aux matelots de serrer la voile.	1	baulen [richten]	" "	amayé
AMARINER, v. a., t. de mar., habituer un homme, un équipage à la mer. (Fam.)	1	seefahren	to the sea accustom	amariné
AMARRER, v. a., t. de mar., lier, attacher un vaisseau avec une amarre.	1	Tau anbinden	belace	amarré
AMASSER, v. a., faire un amas, mettre ensemble. — *du bien.* — *de l'argent.*	1	haufen	gather	amassé
AMATINER, v. a., faire couvrir une chienne par un chien d'une espèce différente.	1	hunds-vermischung	" "	amatiné
AMATIR, v. a., t. d'orfèv., rendre mat l'or ou l'argent en leur ôtant leur poli.	2	unpoliert lassen	unpolish gold or sil-[ver]	amati
AMBITIONNER, v. a., rechercher avec ardeur les honneurs, les richesses.	1	begierig	ambitiously seek af-[ter]	ambitionné
AMBLER, v. n., t. de man., aller l'amble, lever ensemble les pieds du même côté.	1	den pass gehen	amble	amblé
AMBRER, v. a., parfumer avec de l'ambre. — *des gants.* — *une liqueur.*	1	ambra rauchen	perfume with amber	ambré
AMBULER, v. n., marcher, se promener. *Nous ambulâmes toute la nuit.* (Inusit.)	1	spazieren	fetch a walk	ambulé
AMÉLIORER, v. a., rendre meilleur. *La chaleur améliore les fruits et le vin.*	1	verbessern	improve	amélioré
AMÉNAGER, v. a., t. d'eaux et forêts, régler les coupes des bois, taillis et futaies.	1	die waldungen be-[nutzen]	cut out wood for [sale]	aménagé
AMENDER, v. a., changer en mieux. *Les bons conseils ont amendé cet homme.*	1	bessern	mend	amendé
AMENER, v. a., mener, conduire en quelque endroit, ou vers quelqu'un.	1	bringen	bring	amené
AMENUISER, v. a., rendre plus menu, plus mince. — *un bâton.* — *une cheville.*	1	abhobeln	make smaller	amenuisé
AMESTRER, v. a., t. d'arts et de métiers, faire une préparation de teinture.	1	farben	" "	amestré
AMESURER, v. a., réduire une chose à sa juste valeur, lui donner son prix.	1	abschätzen	apprise	amesuré
AMEUBLIR, v. a., rendre meuble ou de nature mobilière. — *un héritage.*	2	beweglich machen	make moveable	ameubli
AMEULONNER, v. a., mettre en meule les gerbes de blé, de foin ou d'avoine.	1	aufschobern	assemble in mow	ameulonné
AMEUTER, v. a., mettre des chiens en état de bien chasser ensemble.	1	zusammen kop-[peln]	keep a pack of dogs	ameuté
AMIDONNER, v. a., faire de l'amidon, mélanger quelque chose avec de l'amidon.	1	steifen	steep in starch	amidonné
AMIGNARDER, v. a., caresser avec une complaisance mêlée de faiblesse.	1	liebkosen	fondle	amignardé
AMINCIR, v. a., rendre plus mince. *Les corsets amincissent la taille.*	2	dünner machen	make small	aminci
AMNISTIER, v. a., accorder la grâce à des déserteurs, à des rebelles, gracier.	1	verzeihen	pardon	amnistié
AMODIER, v. a., affermer une ferme en grain ou en argent.	1	verpachten	farm	amodié
AMOINDRIR, v. a., diminuer, rendre moindre. *Le mal amoindrit les forces.*	2	vermindern	diminish	amoindri
AMOITER, v. a., rendre moite, humecter. On disait aussi amoitir. (Vieux.)	1	anfeuchten	moisten	amoité
AMOLLIR, v. a., rendre mou et maniable. *La chaleur amollit la cire.*	2	erweichen	mollify	amolli
AMONCELER, v. a., mettre en monceaux, entasser. *Le vent amoncelle les sables.*	1	aufhäufen	heap up	amoncelé
AMORCER, v. a., garnir d'amorce, mettre l'amorce. — *un hameçon.* — *un pistolet.*	1	ködern	allure	amorcé
AMORTIR, v. a., rendre moins ardent. — *la fièvre.* — *le feu en y jetant de l'eau.*	2	schwächen	quench	amorti
AMOURACHER (s'), v. pron., se passionner pour... — *d'une fille mal famée.*	1	verlieben	be smitten	amouraché
AMPASTELER, v. a., t. de teint., donner le bleu de pastel aux étoffes qu'on teint.	1	blau färben	woad	ampastelé
AMPLIER, v. a., t. de pal., le terme d'un paiement, c'est le différer, le remettre.	1	aufschieben	put off	amplié
AMPLIFIER, v. a., étendre par le discours. *Il amplifie tout ce que l'on dit.*	1	erweitern	amplify	amplifié
AMPUTER, v. a., t. de chir., retrancher, couper un membre. — *un blessé.* — *un bras.*	1	abschneiden	amputate	amputé
AMUNITIONNER, v. a., pourvoir une ville, une place des munitions nécessaires.	1	munition-geben	provide with vic-[tual]	amunitionné
AMURER, v. a., t. de mar., bander les cordages pour contenir la voile contre le vent.	1	spannen	haul aboard [tack]	amuré
AMUSER, v. a., divertir agréablement. — *une société par ses joyeux propos.*	1	unterhalten	amuse	amusé
ANAGRAMMATISER, v. a., faire l'anagramme, la transposition des lettres d'un mot.	1	versetzung	anagrammatize	anagrammatisé
ANALYSER, v. a., faire l'analyse ou la décomposition d'un tout en ses parties.	1	auflösen	analyze	analysé
ANARCHISER, v. a., livrer à l'anarchie. *Mirabeau anarchisa la France.*	1	ein umwalzung er-[regen]	trouble	anarchisé
ANASTOMOSER (s'), v. pron., t. d'anat., se joindre par les extrémités.	1	sich verbinden	join at the extremi-[ties]	anastomosé
ANATHÉMATISER, v. a., excommunier. *L'église anathématise les impies.*	1	verfluchen	anathematize	anathématisé
ANATOMISER, v. a., faire l'anatomie d'un corps, en rechercher la structure.	1	zergliedern	anatomize	anatomisé
ANCHER, v. a., t. de luthier, garnir un instrument de musique de ses anches.	1	das mundstück an-[setzen]	furnish with a reed	anché
ANCRER, v. a., t. de mar., jeter l'ancre. Ce mot n'est plus usité parmi les marins.	1	ankern	anchor	ancré
ANÉANTIR, v. a., réduire au néant. *L'ivrognerie anéantit l'intelligence.*	2	vernichten	destroy	anéanti
ANGARIER, v. a., obliger, contraindre à une corvée, tourmenter. (Inusité.)	1	quälen	persecute	angarié
ANGÉLISER, v. a., assimiler aux anges. *Les mères angélisent leurs enfants.*	1	mit den engeln vergleichen	to the angels com-[pare]	angélisé
ANGLAISER, v. a., couper la queue d'un cheval à la manière anglaise.	1	" "	" "	anglaisé
ANGLOMANISER, v. a., imiter les Anglais. *La mode anglomanise tout.*	1	[illegible]	the English imitate	anglomanisé
ANGOISSER, v. a., inquiéter, affliger. *Cette nouvelle l'angoisse fortement.*	1	ängstigen	afflict	angoissé
ANIMALISER, v. a., assimiler la matière végétale à la substance animale.	1	thierisch ma-[chen]	" "	animalisé
ANIMER, v. a., donner l'âme, la vie à un corps. — *Dieu anima l'homme.*	1	beleben	animate	animé
ANISER, v. a., mêler à quelque chose de l'extrait d'anis; couvrir d'anis.	1	mit anis würzen	lay over with ani-[seed]	anisé
ANNELER, v. a., friser les cheveux, les former en anneaux. — *cheveux annelés.*	1	kräuseln	curl	annelé
ANNEXER, v. a., t. de jurisp., unir, joindre. — *une pièce à un dossier.*	1	anhängen	[illegible]	annexé
ANNIHILER, v. a., anéantir, casser. — *un acte.* — *un testament.* — *une donation.*	1	vernichten	annihilate	annihilé
ANNONCER, v. a., faire savoir, publier. *Les prophètes ont annoncé le Messie.*	1	ankündigen	declare	annoncé
ANNONCHALIR (s'), devenir nonchalant. (Vieux mot, aujourd'hui inusité.)	2	nachlässig werden	be careless	annonchali
ANNOTER, v. a., faire des notes sur un texte. — *le code des lois.*	1	anmerken	make annotations	annoté
ANNULER, v. a., rendre nul, casser, abolir. *Nous avons annulé ce marché.*	1	vernichten aufheben	abrogate	annulé

Colonnes de radicaux et de terminaisons (présent, imparfait, prétérit défini, futur présent) : [illegible]

RADICAL	Présent singulier JE	TU	IL	Présent pluriel NOUS	VOUS	ILS	Passé sing.	Passé plur.	On dit aussi sing.	On dit aussi plur.	IMPÉRATIF Radical	Sing.	Plur.	SUBJONCTIF Présent ou futur que JE	que TU	qu' IL	que NOUS	que VOUS	qu' ILS	Imparfait que JE	que TU	qu' IL	que NOUS	que VOUS	qu' ILS	Passé sing.	Passé plur.	Pl. q. parfait sing.	Pl. q. parfait plur.	INFINITIF Radical	prés.	passé	PARTICIPES présent	passé	futur
[illegible]																																			

NOTES ET EXPLICATION DU TABLEAU.

Pour conjuguer, le moyen est d'autant plus simple qu'il est toujours le même : réunir au radical les différents modificatifs, et y ajouter la terminaison placée en tête. Faire précéder le tout du pronom pris à la personne et au temps que l'on veut écrire.

Exception unique. Lorsque le modificatif est imprimé en caractères italiques, la terminaison s'y trouve réunie, il suffit de le joindre au radical. (Voy. le verbe Accueillir.)

(1) Terminaisons de la première conjugaison seule. Les terminaisons des trois autres conjugaisons étant trop diverses aux temps de l'indicatif et aux participes, pour être placées en tête, elles se trouvent réunies aux modificatifs.

(2) Le participe présent étant invariable, sa terminaison toujours en ant s'adapte à toutes les conjugaisons. C'est la seule exception à la règle qui précède.

Le signe ainsi fait — est la répétition constante des terminaisons placées en tête. Il indique aussi l'auxiliaire du verbe, et la préposition que gouverne l'infinitif.

(3) Auxiliaires du verbe. (4) Prépositions que le verbe exige à sa suite. — Pour conjuguer avec l'auxil. être, on retranche le second pronom des verbes pronominaux.

SIGNIFICATION FIGURÉE ET PRONOMINALE.

Ordre des conjugaisons	
2	s'Allangourir (vieux et inusité), signifiait aussi devenir amoureux.
2	Allanguir. — une scène, la rendre traînante. Pron. : perdre son énergie et sa force.
1	Allécher, fig. : attirer, gagner par la séduction. — par des promesses.
1	Alléger, fig. : soulager. Alléger les souffrances. Pron. : une peine s'allège.
2	Allégérir, pron. : ce cheval s'allégerit, c'est-à-dire devient plus léger.
2	Allégir, en t. de man. a la même signification qu'allégérir.
1	Allégoriser, se servir d'allégories, donner un sens allégorique. Pron.
1	Alléguer, pron. : Ce texte peut être bien s'alléguer en cette circonstance.
1	Aller. Ne dites pas je vas, mais je vais; je fus le voir, mais j'allai le voir, etc.
1	Allézer, qu'on écrit aussi aléser, signifie aussi nettoyer l'intérieur d'un canon.
1	Allier, fig. : joindre. — la grâce à la beauté. Pron. : s'unir par mariage.
1	Allonger, fig. : faire durer davantage. Pron. : s'étendre, devenir plus long.
1	Allouer, tenir compte d'une somme à compte sur une plus grande. Pron.
1	Allouder, ce verbe, employé souvent par Diderot, est d'ailleurs peu usité.
1	Allumer, fig. : exciter, enflammer. — la guerre — la discorde.
1	Alourder. Ce verbe, encore usité dans quelques provinces, est rejeté par N. Landais.
2	Alourdir. Il n'est guère en usage qu'au participe et aux temps composés. Pron.
1	Aloyer. On écrit aussi allayer; cette manière de dire nous paraît vicieuse.
1	Altérer, causer la soif. Le sel altère. Pron. : s'altérer, changer de bien en mal.
1	Alterner, s'emploie aussi act. — un champ, changer la récolte chaque année.
1	Altérquer. Ce mot, créé par J.-J. Rousseau, est peu usité.
1	Alumer. On alune souvent les étoffes pour les teindre. Pron. : s'aluner.
1	Ambitiser. Boiste l'a employé ce mot, dont on ne fait pas usage.
1	Amadouer, adoucir. — un enfant. — le peuple. Pron. : s'amadouer.
2	Amaigrir, neut., devenir maigre. Les bœufs amaigrissent dans les pâturages.
2	s'Amaladir, garder le lit trop longtemps, c'est risquer de s'amaladir. Pron.
1	Amalgamer, fig. : unir des choses différentes. — les lettres avec les sciences. Pron.
1	Amaper, peu usité dans les ports. — une voile, l'empoigner avec vigueur.
1	Amariner, — un vaisseau, envoyer des gens pour remplacer l'équipage d'un vaisseau.
1	Amarrer, — un navire, c'est le mettre en état de n'être pas entraîné. Pron.
1	Amasser, fig. : assembler. — des troupes. — des amis pour se défendre. Pron.
1	s'Amatiner, pron., fig. : se prostituer à tout venant. (Bas et peu usité.)
2	Amatir. — de l'or; on dit mieux blanchir quand il est question de l'argent.
1	Ambitionner, t. de civilité. Ce que j'ambitionne le plus, c'est de vous servir. Pr.
1	Ambler, ce cheval amble bien. Ce mot, qui avait vieilli, est fort usité maintenant.
1	s'Ambrer, pron. : se parfumer d'ambre. Une femme coquette aime à s'ambrer.
1	Ambuler. Ce verbe n'est plus employé que dans le langage familier ou de l'école.
1	s'Améliorer, pron. Sa santé s'améliore de jour en jour. Ce vin s'améliore.
1	Aménager, fig. : débiter le bois de charpente, de chauffage, le préparer.
1	Amender, fig. : modifier. — un projet de loi. Pron. : se corriger.
1	Amener, fig. : faire condescendre une personne à... Je l'ai amené où je voulais.
1	s'Amenuiser, pron. : Ces planches finissent par s'amenuiser, par s'amincir.
1	Amesurer. Ce verbe, d'ailleurs peu usité, n'a que cette seule signification.
1	Amesurer, t. de vieille coutume. Ce verbe est maintenant inusité.
2	Ameublir, fig. : rendre meuble, léger. — une terre trop forte.
1	s'Ameulonner. Les foins doivent s'ameulonner quand ils sont secs.
1	Ameuter, fig. : attrouper des gens pour les exciter à la sédition. Pron.
1	s'Amidonner, pron. : la mousseline s'amidonne facilement. On l'écrit aussi par y.
1	Amignarder. On dit aussi dans le même sens amignoter, mais il est moins usité.
2	Amincir, fig. : diminuer, affaiblir. Pron. : cette feuille s'est amincie au laminoir.
1	Amnistier, c'est proclamer l'oubli des délits ou crimes qui ont été commis.
1	s'Amodier, pron. Cette ferme s'amodiait pour quatre boisseaux de blé. (Vieux.)
2	Amoindrir, neut. Son revenu s'amoindrit tous les jours. Pron. : devenir moindre.
1	s'Amolier ou s'amoistir, pron. Il serait à désirer que l'usage les conservât.
2	Amollir, fig. : rendre efféminé. La volupté amollit le courage. Pron. : devenir mou.
1	Amonceler, fig. — les preuves. — les citations. Pron. : Les nuages s'amoncellent.
1	Amorcer, fig. : attirer avec de l'amorce les oiseaux, les poissons. Pron. : même sig.
2	Amortir, fig. : affaiblir, diminuer. L'âge amortit les feux de la jeunesse.
1	s'Amouracher, s'emploie quelq. act. Je ne sais qui a pu l'amouracher de la sorte.
1	Ampasteler. Ces laines sont bien ampastelées, ont bien la couleur du pastel.
1	Amplier, — un criminel, c'est différer, c'est remettre son jugement à un autre jour.
1	Amplifier, neut. Il amplifie toujours. Pron. : Ces contes s'amplifient aisément.
1	Amputer. Il s'emploie aussi neut. Ce médecin ampute habilement. Pron.
1	Amunitionner, on dit surtout au participe : place bien amunitionnée.
1	Amurer. — tout bas, serrer les amures p. q. le vaisseau aille au plus près du vent.
1	Amuser, fig. : arrêter inutilement. Une mouche l'amuse. — distraire : — sa douleur.
1	Anagrammatiser. Il aime à anagrammatiser tous les mots. S'emploie aussi neut.
1	Analyser. — un poème. — une faute. — le sang. Neut. Cet enfant analyse bien.
1	Anarchiser. Ces discours ne peuvent qu'anarchiser les peuples.
1	s'Anastomoser, ce verbe ne s'emploie qu'à la 3e personne du sing. et du plur.
1	Anathématiser, fig. : blâmer, maudire. Le pauvre anathématise le riche.
1	Anatomiser, fig. — un livre. — un discours. L'examiner avec soin.
1	Ancher, mettre aux instruments une anche, petit tuyau plat garni d'une languette.
1	s'Ancrer, pron. et fig. : s'affermir quelque part. Il s'est ancré dans cette maison.
2	s'Anéantir, pron. : Se dissiper. Sa fortune s'est anéantie en peu de temps.
1	Angarier, t. de mar. Forcer un navire à charger pour le gouvernement.
1	s'Angéliser, pron. : devenir ange, imiter les anges. Vous vous angélisez chaque jour.
1	Angluiser. Ce cheval serait beaucoup mieux s'il était anglaisé.
1	s'Anglomaniser, pron. Le dix-huitième siècle s'était complètement anglomanisé.
1	Angoisser. Ce verbe, qui vient d'angoisse (affliction d'esprit), est peu usité.
1	Animaliser, fig. : abaisser au rang des animaux. L'athée animalise l'homme.
1	Animer, fig. : encourager. Animer les troupes au combat. Pron.
1	Aniser. Il ne s'emploie guère qu'au passif. Dragées anisées.
1	Anneler, mettre des anneaux au groin des porcs pour qu'ils ne fouillent pas la terre.
1	Annexer, fig. : unir, joindre. La chapelle de N.-D. a été annexée à la cure.
1	Annihiler, Il faut faire annihiler le testament de ce vieillard. Pron.
1	s'Annoncer, pron. : Mahomet s'est annoncé lui-même sans témoignage précédent.
2	s'Annonchalir. Se trouve dans quelq. dictionn. avec une citation de Montaigne.
1	Annoter, t. de comm., écrire les effets qu'on reçoit et la date de leur échéance.
1	Annuler, en t. de mar., on dit annuler un signal, pour dire le rendre nul.

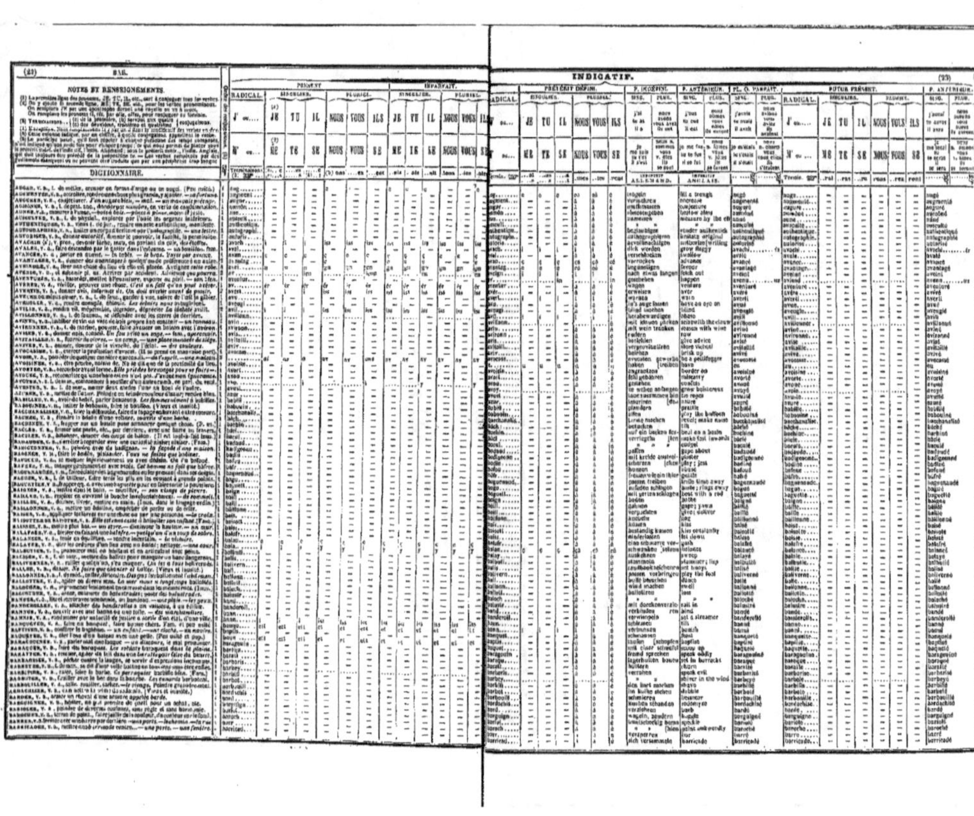

NOTES ET RENSEIGNEMENTS.

(1) La première ligne des pronoms, JE, TU, IL, etc., sert à conjuguer tous les verbes.
(2) On y ajoute la seconde ligne, ME, TE, SE, etc., pour les verbes pronominaux.
On remplace [illegible] par une apostrophe devant une voyelle ou un h muet.
On remplace les pronoms *il*, *ils*, par *elle*, *elles*, pour conjuguer au féminin.
(3) Terminaisons.. { (a) de la première, (b) servent aux quatre } conjugaisons.
{ (c) des deuxième, troisième et quatrième }
(4) Exception. [illegible] par un [illegible] dans le radical des verbes en *dre*.
(5) Cette colonne indique, par un chiffre, à quelle conjugaison appartient le verbe.
(6) Le participe passé, qu'il faut répéter à chaque personne des temps composés, n'est indiqué qu'une seule fois pour chaque groupe, ce qui nous permet de placer [illegible] le prétérit indéf. de l'indicatif, [illegible] Allemand, [illegible] le présent infinitif, [illegible] Anglais, qui doit toujours être précédé de la préposition *to*. — Les verbes remplacés par des guillemets indiquent qu'ils ne peuvent être traduits que par une périphrase trop longue.

DICTIONNAIRE.

Dictionnaire	Conj. (5)	Radical
ANOBLIR, v. a., rendre noble, conférer des titres de noblesse à quelqu'un.	2	anobl.....
ANONNER, v. n., (p. onomatopée de *an*, *on*), parler avec peine, en hésitant.	1	anonn.....
ANORDIR, v. n., t. de mar., se dit des vents lorsqu'ils approchent du nord.	2	anord.....
ANSER, v. a., t. de bahutier, garnir une pièce quelconque d'une anse.	1	ans.....
ANTICIPER, v. a., prévenir, faire avant le temps. *Il a anticipé le paiement.*	1	anticip.....
ANTIDATER, v. a., mettre à un écrit une date antérieure à la véritable.	1	antidat.....
ANTIQUER, v. a., t. de rel., enjoliver la tranche d'un livre à la manière ancienne.	1	antiqu.....
ANTOISER, v. a., t. d'agricult., empiler, mettre en pile, en parlant du fumier.	1	antois.....
ANUER, t. de chasse. — *des perdrix*, choisir le moment pour les tirer au vol.	1	anu.....
ANUITER (s'), v. pron., s'exposer à être surpris en chemin par la nuit.	1	anuit.....
APAISER, v. a., adoucir, calmer. *La prière apaise Dieu. L'eau apaise la soif.*	1	apais.....
APANAGER, v. a., donner à un prince un *apanage* pour vivre convenablement.	1	apanag.....
APATHISER, v. a., rendre apathique. *Les grandes souffrances nous apathisent.*	1	apathis.....
APERCEVOIR, v. a., commencer à voir, découvrir, remarquer, faire attention.	3	aper.....
APERCHER, v. a., t. de chasse, remarquer l'endroit où un oiseau se retire la nuit.	1	aperch.....
APETISSER, v. a., rendre plus petit, diminuer. *L'éloignement apetisse.*	1	apetiss.....
APIQUER, v. a., t. de mar., mettre à pic, mettre dans une situation verticale.	1	apiqu.....
APITOYER, v. a., exciter la pitié, attendrir. *Rien n'a pu l'apitoyer sur son sort.*	1	apito.....
APLAIGNER, v. a., t. de manuf., tirer des étoffes de laine les poils avec des chardons.	1	aplaign.....
APLANIR, v. a., rendre uni ce qui était inégal. — *un terrain.* — *une montagne.*	2	aplan.....
APLATIR, v. a., rendre plat, surtout en comprimant ce qui est trop élevé.	2	aplat.....
APOSTASIER, v. n., abandonner une religion pour en embrasser une autre.	1	apostasi.....
APOSTER, v. a., proprement : mettre quelqu'un dans un poste (en mauv. part.)	1	apost.....
APOSTILLER, v. a., mettre une note au bas d'un écrit. — *une pétition.*	1	apostill.....
APOSTROPHER, v. a., parler à une personne ou à une chose personnifiée.	1	apostroph.....
APOSTUMER, v. n., t. de méd., se dit d'un abcès qui perce. *Son abcès a percé.*	1	apostum.....
APPARAITRE, v. n., se rendre visible. *Dieu apparut à Moïse sur la montagne.*	3	appar.....
APPAREILLER, v. a., joindre ensemble deux choses pareilles. — *des étoffes.*	1	appareill.....
APPARENTER, v. a., donner des parents par alliance. *Être mal apparenté.*	1	apparent.....
APPARESSER, v. a., appesantir l'esprit, le rendre lourd, engourdi, paresseux.	1	apparess.....
APPARIER, v. a., assortir, unir par paires. — *des gants.* — *des chevaux.*	1	appari.....
APPAROIR, v. n., t. de palais, être évident. *Il a fait apparoir de son bon droit.*	3	app.....
APPARTENIR, v. n., être la propriété de quelqu'un soit de fait, soit de droit.	2	apparti.....
APPATER, v. a., attirer avec un appât. *Il faut appâter les oiseaux, les poissons.*	1	appât.....
APPAUVRIR, v. a., rendre pauvre. *Les spéculations ont fini par l'appauvrir.*	2	appauvr.....
APPELER, v. a., nommer, faire venir. — *le médecin.* Jurisp., citer en justice.	1	appel.....
APPENDRE, v. a., attacher, suspendre à une voûte, à des piliers, à une muraille.	4	appen.....
APPESANTIR, v. a., rendre plus pesant, moins actif. *L'âge appesantit.*	2	appesant.....
APPÉTER, v. a., désirer vivement par instinct. *L'estomac appète les aliments.*	1	app.....
APPIÉCER, v. a., rapiécer ou mettre des pièces. *Ce tailleur appièce bien.*	1	appi.....
APPIÉTRIR, v. a., devenir piètre, mauvais, faux. [illegible]	2	appiétr.....
APPLAUDIR, v. a., battre des mains en signe d'approbation. — *une pièce de théâtre.*	2	applaud.....
APPLIQUER, v. a., mettre une chose sur une autre. — *des couleurs sur une toile.*	1	appliqu.....
APPOINTER, v. a., donner des appointements. *On l'a appointé de mille écus.*	1	appoint.....
APPOINTIR, v. a., aiguiser de pointe, rendre pointu. *Il a appointi ce pieu.*	2	appoint.....
APPORTER, v. a., porter d'un lieu à un autre. *Apportez-moi ce livre.*	1	apport.....
APPOSER, v. a., t. de jurisp., appliquer, mettre dessus. — *les scellés.*	1	appos.....
APPRÉBENDER, v. a., assurer la prébende, le revenu attaché à une chanoinerie.	1	apprébend.....
APPRÉCIER, v. a., évaluer une chose, en fixer le prix, la valeur, un meuble.	1	appréci.....
APPRÉHENDER, v. a., t. de jurisp., prendre, saisir une personne.	1	appréhend.....
APPRENDRE, v. a., acquérir ou enseigner quelque connaissance. — *une langue.*	4	appren.....
APPRÊTER, v. a., préparer, mettre en état, assaisonner. *Mets bien apprêté.*	1	apprêt.....
APPRIVOISER, v. a., rendre moins farouche. Il se dit au propre et au fig.	1	apprivois.....
APPROCHER, v. a., mettre près. — *la table.* Être en faveur. — *de l'empereur.*	1	approch.....
APPROFONDIR, v. a., rendre plus profond, creuser. — *un fossé.* — *un puits.*	2	approfond.....
APPROPRIER, v. a., proportionner, adapter. — *les lois aux mœurs, aux opinions.*	1	appropri.....
APPROUVER, v. a., agréer, donner son approbation à... — *une démarche.*	1	approuv.....
APPROVISIONNER, v. a., faire l'approvisionnement de... — *une armée.*	1	approvisionn.....
APPROXIMER, v. a., être très voisin. *La forêt approxime le village.*	1	approxim.....
APPUYER, v. a., soutenir par le moyen d'un appui. — *une échelle contre un mur.*	1	appu.....
APURER, v. a., vérifier un compte, et si le comptable peut être reconnu quitte.	1	apur.....
ARABISER, v. a., donner aux choses un air, aux mots une terminaison arabe.	1	arabis.....
ARAMBER, v. a., t. de mar., accrocher un bâtiment ennemi pour venir à l'abordage.	1	aramb.....
ARAMER, v. a., mettre une pièce de drap sur un rouleau pour la tirer.	1	aram.....
ARASER, v. n., t. de maçonnerie. Égaliser les parties basses d'un bâtiment.	1	aras.....
ARBITRER, v. n., estimer en qualité d'arbitre. — *une affaire.* — *un compte.*	1	arbitr.....
ARBORER, v. a., planter quelque chose droit comme un arbre. — *la croix.*	1	arbor.....
ARC-BOUTER, v. a., soutenir, appuyer au moyen d'un arc-boutant. — *une voûte.*	1	arc-bout.....
ARCHITECTURER, v. a., de style burlesque au lieu de — *construire.*	1	architectur.....
ARÇONNER, v. a., t. de chapelier, battre, préparer la laine avec l'arçon.	1	arçonn.....
ARDER, v. a., brûler. *Le feu de saint Antoine vous arde!* (imprécation popul.)	1	ard.....
ARÉNER, v. n., t. d'arch., s'abaisser, s'affaisser par le poids. *Bâtiment aréné.*	1	arèn.....
ARER, v. n., t. de mar., chasser sur ses ancres. Ce mot est vieux et inusité.	1	ar.....
ARGENTER, v. a., couvrir de feuilles d'argent, appliquer l'argent sur le métal.	1	argent.....
ARGOTER, v. n., parler l'argot, le jargon propre aux gueux et aux voleurs.	1	argot.....
ARGUER, v. a., t. de jurisp., accuser, reprendre, contredire. — *une pièce de faux.*	1	argu.....
ARGUMENTER, v. n., faire un ou plusieurs arguments. — *contre quelqu'un.*	1	argument.....
ARISER, v. a., t. d'épinglier, arranger, ajuster le poinçon sur l'enclume.	1	aris.....
ARMARIER, v. n., t. de mar., travailler à s'amarrer dans un port.	1	armari.....
ARMER, v. a., pourvoir d'armes. — *quelqu'un de toutes pièces.* Garnir de canons.	1	arm.....
ARMORIER, v. a., peindre ou graver des armoiries sur quelque chose.	1	armori.....
AROMATISER, v. a., mêler des aromates avec quelque chose. — *une sauce.*	1	aromatis.....
ARPÉGER, v. n., t. de mus., jouer du violon en le pinçant avec le doigt.	1	arpé.....
ARPENTER, v. a., mesurer un terrain. *Faire arpenter une pièce de terre.*	1	arpent.....
ARQUEBUSER, v. a., tuer à coups d'arquebuse. (Vieux et inusité.)	1	arquebus.....
ARQUER, v. a., courber en arc. — *une barre de fer.* Neut. se courber.	1	arqu.....
ARRACHER, v. a., détacher avec effort ce qui tient à quelque chose. — *des arbres.*	1	arrach.....
ARRAISONNER, v. a., chercher à amener quelqu'un à un avis, à une opinion.	1	arraisonn.....
ARRANGER, v. a., mettre dans un ordre convenable. — *sa bibliothèque.*	1	arrang.....
ARRENTER, v. a., donner à rente une terre. *Il a arrenté toutes ses terres.*	1	arrent.....

INDICATIF — PRÉSENT (SINGULIER: JE, TU, IL; PLURIEL: NOUS, VOUS, ILS) — IMPARFAIT (JE, TU, IL, NOUS, VOUS, ILS) — PRÉTÉRIT DÉFINI — P. INDÉFINI (INFINITIF ALLEMAND) — P. ANTÉRIEUR (INFINITIF ANGLAIS) — PL. Q. PARFAIT — FUTUR PRÉSENT — F. ANTÉRIEUR: [illegible]

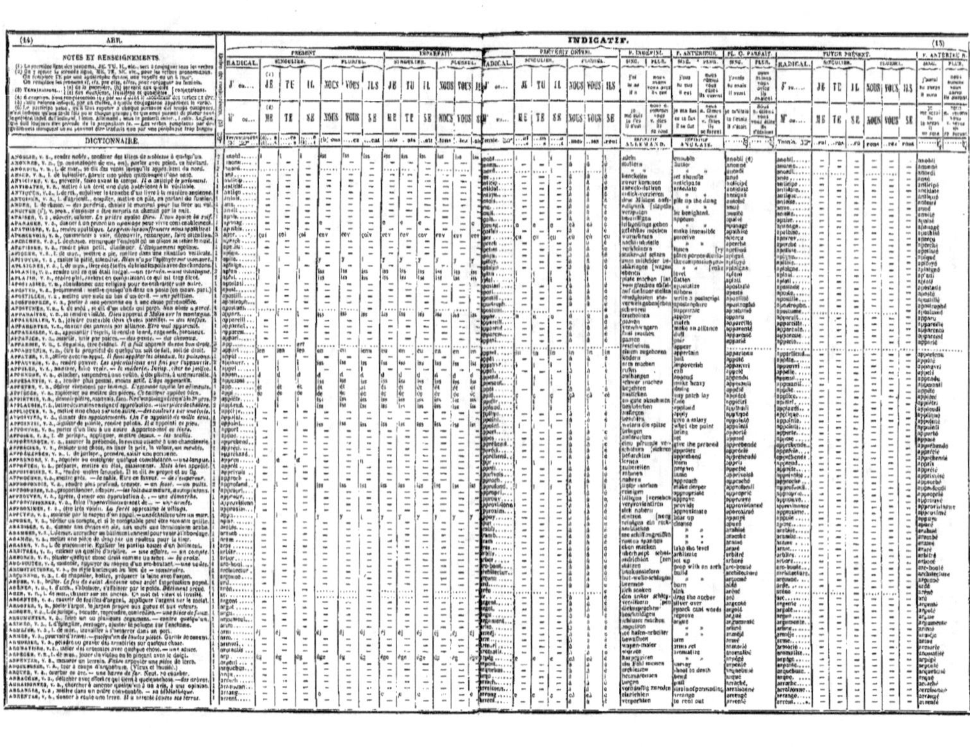

CONDITIONNEL. — **IMPÉRATIF.** — **SUBJONCTIF.** — **INFINITIF.** — **PARTICIPES.**

NOTES ET EXPLICATION DU TABLEAU.

Pour conjuguer, le moyen est d'autant plus simple qu'il est toujours le même : réunir au *radical* les différents *modificatifs*, et y ajouter la terminaison placée en tête. Faire précéder le tout du pronom pris à la personne et au temps que l'on veut écrire.

Exception unique. Lorsque le *modificatif* est imprimé en caractères *italiques*, la terminaison s'y trouve réunie. Il suffit de le joindre au *radical*. (*Voy.* le verbe *Accueillir*.)

(1) *Terminaisons de la première conjugaison seule.* Les terminaisons des trois autres conjugaisons étant trop diverses aux temps de l'*infinitif* et aux *participes*, pour être placées en tête, elles se trouvent réunies aux *modificatifs*.

(2) Le participe présent étant invariable, sa terminaison toujours en *ant* s'adapte à toutes les conjugaisons. C'est la seule exception à la note qui précède.

Le signe " (") fait — est la répétition constante des *prononciations* placées en tête. Il indique aussi l'auxiliaire du verbe, et la préposition qui gouverne l'infinitif.

(3) Auxiliaires du verbe. (4) Prépositions que le verbe exige à sa suite. — Pour conjuguer avec l'auxil. *être*, on retranche le second pronom de la ligne des verbes pronominaux.

SIGNIFICATION FIGURÉE ET PRONOMINALE.

Anoblir, fig. : — son style, le rendre plus élevé, plus noble, plus puissant. Pron.
Ânonner, — sa leçon. — Ânonner, mettre bas en parlant d'une ânesse.
Anordir. Ce verbe ne s'emploie qu'à la troisième personne. *Le vent anordit.*
Anser. *Cet ouvrier est habile à anser les corbeilles et les manues.* (Peu usité.)
Anticiper sur, neut., empiéter, usurper. — *sur les droits de quelqu'un.*
Antidater. — *un contrat.* — *une lettre.* — *un effet de commerce.* Pron.
Antiquer, pron. *Les éditions gothiques s'antiquent ordinairement.*
Aoûter. Ce verbe est peu usité. Il est souvent omis par les lexicographes.
Apaiser, lâcher l'oiseau par derrière quand il s'est envolé et à une certaine distance.
S'Apaiser, pron. *Si vous m'en croyez, ne vous ... pas au milieu de cette forêt.*
S'Apaiser, pron. *Les vents s'apaisent après avoir lutté les uns contre les autres.*
Apanager. *Le prince veut apanager ses puînés.* Ne s'emploie pas pronomin.
S'Apathiser, pron. : *les âmes sensibles s'apathisent difficilement.* (Peu usité.)
Apercevoir, fig. : comprendre. *Celui qui cherche la vérité l'aperçoit.*
Apercher. Il avait aperché un merle qu'il pensait à tirer. (Peu usité.)
S'Apetisser, pron. : devenir plus petit, diminuer de grandeur par l'éloignement.
Apiquer, n., se dit d'un vaisseau quand il est au dessus de l'ancre.
S'Apitoyer, éprouver de la pitié, de la compassion. — *du malheur d'autrui.*
Aplaigner, lisser, parer, donner du lustre au drap en tirant les poils.
Aplanir, fig. : *du palais, il aplanit la route.* Pron. : *Les obstacles s'aplanissent.*
S'Aplatir, devenir plat, s'affaisser. *La balle s'est aplatie contre le mur.*
Apostasier, fig. : abandonner un parti pour s'attacher au parti contraire.
S'Aposter, pron. : se placer de telle sorte qu'on puisse observer quelque chose.
Apostiller, mettre une note en marge d'un écrit ; le critiquer ou l'éclaircir. Pron.
Apostropher, fig. style comique. — *quelqu'un d'un soufflet, d'un coup de bâton.*
Apostumer. Ce mot a vieilli. On dit aujourd'hui *abcéder* ; se conj. à la trois. pers.
Apparaître, t. de jur., il m'apparaît que... *Il me paraît, je pense que...*
Appareiller, n., t. de mar., mettre à la voile. Pron. : se joindre à son pareil.
S'Apparenter, former, par le mariage, des liens d'affinité avec une famille.
S'Apparesser, devenir paresseux. *Cet écolier s'apparesse de plus en plus.* (Inusité.)
Apparier, mettre ensemble le mâle et la femelle. — *des serins.* — *des pigeons.*
Apparoir, il n'est usité qu'à l'infin., avec *faire*, ou impers. *Il appert que...*
Appartenir, fig. : être attaché par les liens du sang. — Impers. : convenir. Pron.
Appâter, fig. : faire manger celui qui ne peut se servir de ses mains. — *un malade.*
Appauvrir, fig. : — *un terrain*, l'épuiser, le rendre moins fertile. Pron.
Appeler, fig. : faire parvenir. — *à une dignité.* Pron. : *Il s'appelle Jean.*
Appendre. Il ne se dit guère que des choses que l'on consacre dans une église.
Appesantir, fig. : rendre moins vif, moins subtil. *Le vin appesantit l'esprit.*
Appéter, il n'est d'usage qu'en physique. *La femelle appète le mâle.*
Appiécer, de *appiècement*, rapiècetage de vieux habits. (Peu usité.)
S'Appiétrir, pr., une marchandise s'appiétrit, en parlant de sa valeur. (Inus.)
S'Applaudir, pr. : se féliciter, se vanter. *L'homme vain ne cesse de s'applaudir.*
Appliquer, fig. : son esprit à... l'attacher à... S'appliquer, pron. : se poser sur...
Appointer, t. milit., — *un homme d'une corvée*, la lui imposer, par punition.
S'Appointir, pr. : devenir pointu. Ce verbe ne se trouve pas dans l'Académie.
Apporter, fig. : annoncer, faire savoir. — *une mauvaise nouvelle.* Pron.
Apposer, fig. : — *sa signature*, signer. — *une condition à un contrat.* Pron.
Appréhender. Ce mot n'a plus ce sens que d'application en France.
Apprécier, fig. : *Les personnes, juger de leur prix dans le commerce de la vie.*
Appréhender, fig. : craindre. *Elle appréhendait d'abuser des grâces de Dieu.*
Apprendre, fig. : contracter une habitude. — *à régler ses passions, son esprit.*
Apprêter, fig. : — *à rire*, donner occasion de rire. S'apprêter, pr. : se préparer.
S'Apprivoiser, pr. : devenir moins sauvage, plus familier. *Il finit par s'apprivoiser.*
Approcher, n., devenir proche. *Le temps approche.* Pr. : s'avancer vers...
Approfondir, fig. : examiner à fond, tâcher de comprendre une affaire. Pron.
Approprier, ajuster, mettre dans un état de propreté. — *un appartement.* Pr.
Approuver, fig. : juger louable, digne d'estime. *Qui approuverait Néron ?* Pr.
Approvisionner, remplir une ville assiégée de vivres et de munitions. Pron.
Approximer, t. d'art. *Ces deux systèmes approximent en plusieurs points.* Pr.
Appuyer, fig. : protéger, favoriser. — *Il appuya sa demande auprès du ministère.*
Apurer, t. de finance, purifier, épurer. — *un compte.* Pron. : *les comptes doivent s'apurer.*
S'Arabiser, se donner des airs arabes, une tournure arabe. (Mot nouveau.)
Aramber. *Notre équipage aramba le brick le Léopard et le coula à fond.*
Arauner, t. de man., pron., même signif. On écrit aussi *arrauner*.
Araser, t. de man., couper le bas des planches pour y mettre des emboîtures.
Arbitrer, t. de jur., terminer un différend en qualité d'arbitre. Pron.
Arborer, fig., se déclarer ouvertement. — *les couleurs d'un parti.* — *l'impiété.*
Arc-bouter. Il est composé du mot *arc* et de l'ancien verbe *bouter*, pousser.
Architecturer. (Peu usité.) Se trouve néanmoins dans Boiste et N. Landais.
Arçonner. L'arçon est un instrument en forme d'archet pour battre la laine.
Arder ou *Ardre.* Il est vieux et usité seulement dans la phrase citée au Diction.
Ardoiser. Ce verbe ne se conjugue qu'à la trois. pers. seulement.
Arer, veut dire proprement labourer. On dit *l'ancre, sur, laboure, ne tient plus.*
Argenter, pron. : être susceptible d'être argenté. — *le cuivre s'argente bien.*
Argoter, t. de jard. Couper les argots ou les extrémités des branches mortes.
Arguer, neut., tirer une conséquence d'un fait. *Vous arguez à tort de ce fait.*
Argumenter, tirer des conséquences. *On ne doit pas argumenter de la possibilité.*
Arimer. *Cet ouvrier a la vue excellente ; il arime parfaitement.*
Arméjer, amarrer. *Ils ont passé beaucoup de temps à arméjer.*
Armer, t. de mar., équiper. — *un vaisseau.* Fig. : animer, soulever. Pron.
Armorier. Il serait plus correct d'écrire *armoirier* à cause de *armoiries* d'où il vient.
S'Aromatiser, pron. : se couvrir d'odeurs, de parfums. Il est fam. et peu usité.
Arpéger, frapper successivement tous les sons d'un accord en imitant la harpe.
Arpenter, fam., marcher à grands pas. Pron. : *Ce terrain ne peut s'arpenter.*
S'Arquebuser, se tuer avec l'arquebuse. L'arquebuse est une ancienne arme à feu.
S'Arquer, pron. : *Les jambes de cet enfant se sont arquées en grandissant.*
Arracher, fig. : obtenir avec peine. — *une grâce au roi.* Pron. : *s'arracher.*
Arraisonner. En mar. — *un vaisseau*, s'informer d'où il vient, où il va.
Arranger, fig. : — *ses affaires.* Fam. — *quelqu'un*, le maltraiter. Pron.
Arrenter. Ce verbe n'est guère employé qu'au participe passé. Pron.

NOTES ET RENSEIGNEMENTS.

(1) La première ligne des pronoms, JE, TU, IL, etc., sert à conjuguer tous les verbes.
(2) On y ajoute la seconde ligne, ME, TE, SE, etc., pour les verbes pronominaux.
On remplace l'E par une apostrophe devant une voyelle ou un h muet.
On remplace les pronoms il, ils, par elle, elles, pour conjuguer au féminin.
(3) Terminaisons... {(a) de la première, (b) servent aux quatre / (c) des deuxième, troisième et quatrième} conjugaisons.
(4) Exception. Nous remplaçons le *i* par un *ë* dans le modificatif des verbes en *dre*.
(5) Cette colonne indique, par un chiffre, à quelle conjugaison appartient le verbe.
(6) Le participe passé, qu'il faut répéter à chaque personne des temps composés, n'est indiqué qu'une seule fois pour chaque groupe ; ce qui nous permet de placer [illegible] le présent indéf. de l'indicatif, l'infin. Allemand ; sous le présent défini [illegible], l'infin. Anglais, qui doit toujours être précédé de la préposition *to*. — Les verbes remplacés par des guillemets manquent ou ne peuvent être traduits que par une périphrase trop longue.

DICTIONNAIRE.

ARRÉRAGER, v. n., s'accumuler, en parlant des rentes. *Rentes arréragées.* 1
ARRÊTER, v. a., empêcher d'avancer, s'opposer. — *un cheval.* — *un voleur.* 1
ARRHER, v. a., s'assurer d'un achat ou d'une location en donnant des *arrhes.* 1
ARRIÉRER, v. a., retarder, différer. — *un paiement,* ne pas le faire à l'échéance. 1
ARRIMER (S'), v. n., pr., t. de mar., se dit de la mer quand la lame suit le vent. 1
ARRISER, v. a., t. de mar., abaisser, amener. — *les vergues.* — *les huniers.* 1
ARRIVER, v. n., aborder, approcher de la rive. — *au port.* — *à une plage.* 1
ARROGER (S'), v. pron., s'attribuer mal à propos. — *un droit qu'on n'a pas.* 1
ARRONDIR, v. a., rendre rond. — *une boule.* — *un manteau, faire.* — *son champ.* 2
ARROSER, v. a., mouiller une chose en versant de l'eau dessus. — *des fleurs.* 1
ARROUTER (S'), v. pron., se mettre en route. *Ils s'arroutèrent après minuit.* 1
ARRUDIR, v. neut., devenir rude, incivil, barbare (Boiste). (Inusité.) 2
ARTIALISER, v. a., soumettre aux règles de l'art. Il est fort peu en usage. 1
ARTICULER, v. a., prononcer distinctement. *Cet enfant articule bien les mots.* 1
ARTILLER, v. a., rendre fort par art; armer, équiper. — *un homme de guerre.* 1
ARTISONNER, v. a., ronger, en parlant des vers. *Ce bois est tout artisonné.* 1
ASPERGER, v. a., arroser avec de l'eau. Se dit en matière de religion. 1
ASPHYXIER, v. a., causer l'asphyxie, faire périr par défaut d'air respirable. 1
ASPIRER, v. a., attirer l'air extérieur dans ses poumons. Il est opposé à *expirer.* 1
ASSABLER, v. a., remplir de sable, couvrir de sable. *Il faut assabler la salle.* 1
ASSAGIR, v. a., rendre sage, instruire. *L'étude des bons livres assagit* (Inusité.) 2
ASSAILLIR, v. a. et irr., attaquer vivement quelqu'un. — *un camp.* — *l'ennemi.* 2
ASSAINIR, v. a., rendre sain, salubre. — *L'écoulement des eaux assainit le pays.* 2
ASSAISONNER, v. a., accompagner un mets avec des choses qui flattent le goût. 1
ASSASSINER, v. a., tuer par guet-apens, de dessein formé, ou par trahison. 1
ASSAVOURER (S'), v. pron., se gorger, se rassasier avec avidité et gloutonnerie. 1
ASSÉCHER, v. n., t. de mar., se dit d'un rocher que la mer laisse à sec. 1
ASSEMBLER, v. a., mettre ensemble des matériaux pour bâtir; réunir. — *le sénat.* 1
ASSÉNER, v. a., porter un coup rude, violent. *Il lui asséna un coup de massue.* 1
ASSENTIR, v. n., donner son assentiment. — *à un acte.* — *à une vérité.* 2
ASSEOIR, v. a. et irr., mettre sur un siège. — *un enfant.* — *un malade.* 3
ASSERMENTER, v. a., obliger quelqu'un par serment. — *un fonctionnaire.* 1
ASSERTER, v. a., vieux mot qui signifiait autrefois affirmer. (Inusité.) 1
ASSERVIR, assujettir à sa puissance. *César asservit les Gaules à sa domination.* 2
ASSEULER, v. a., laisser seul, solitaire; quitter, abandonner. (Inusité.) 1
ASSIÉGER, v. a., mettre le siège devant une place, en faire le siège. — *une ville.* 1
ASSIGNER, v. a., placer un paiement sur certains fonds. — *une rente.* 1
ASSIMILER, v. a., rendre semblable; comparer. — *des choses entre elles.* 1
ASSISTER, v. a., secourir. — *les pauvres.* — Neut., être présent à... — *à la messe.* 1
ASSOCIER, v. a., prendre quelqu'un pour collègue. — *à une entreprise.* 1
ASSOLER, v. a., t. d'agric., manière de faire succéder des récoltes chaque année. 1
ASSOMMER, v. a., tuer avec quelque chose de pesant, comme avec une massue. 1
ASSORTIR, v. a., mettre ensemble des choses qui se conviennent. — *une étoffe.* 2
ASSOTER, v. a., être infatué, raffoler de... ne se dit que familièrement. 1
ASSOUPIR, v. a., endormir à demi; causer une disposition au sommeil. 2
ASSOUPLIR, v. a., rendre souple. — *une étoffe.* *L'exercice assouplit le corps.* 2
ASSOURDIR, v. a., rendre sourd à force de bruit. *Il m'assourdit de ses cris.* 2
ASSOUVIR, v. a., rassasier pleinement. — *un appétit dévorant.* — *sa vengeance.* 2
ASSUJETTIR, v. a., soumettre, ranger sous sa domination. — *aux lois.* 2
ASSUMER, v. a., garantir. — *sur soi la responsabilité d'une affaire.* 1
ASSURER, v. a., affirmer. — *un mensonge aussi hardiment qu'une vérité.* 1
ASTICOTER, v. a., tourmenter, contrarier sur de petites choses. (Populaire.) 1
ASTREINDRE, v. a., assujettir à des choses dures. — *à un travail pénible.* 4
ASTUCIER, v. n., employer l'astuce, devenir astucieux, rusé. (Peu usité.) 1
ATALANTER, v. a., mettre en train. (Vieux et inusité.) 1
ATERMOYER, v. a., t. de juris., reculer le terme d'un paiement. — *un billet.* 1
ATINTER, v. a., orner, parer avec affectation. *Qui donc vous a ainsi atintée?* 1
ATOURNER, v. a., orner, parer. Il ne se dit qu'en parlant des femmes. (Inusité.) 1
ATTABLER, v. a., mettre des personnes à table pour jouer, boire ou manger. 1
ATTACHER, v. a., joindre une chose à une autre, de manière qu'elle y tienne. 1
ATTAQUER, v. a., assaillir, être agresseur. — *l'ennemi.* — parler atteinte à... 1
ATTARDER, v. a., mettre quelqu'un en retard. *Prenez garde de vous attarder.* 1
ATTÉDIER, v. a., ennuyer, importuner quelqu'un par ses contes, ses discours. 1
ATTEINDRE, v. a. irr., frapper, toucher de loin à... ou joindre quelqu'un. 4
ATTELER, v. a., attacher des chevaux, des mulets à une voiture. — *des bœufs.* 1
ATTENDRE, v. a., être dans l'attente, l'espérance ou la crainte de l'arrivée de... 4
ATTENDRIR, v. a., rendre tendre et facile à manger. *La gelée attendrit les choux.* 2
ATTÉNÉDIR, v. a., atténuer, rendre mince, faible, léger. (Inusité.) 2
ATTENIR, v. n., vieux mot inusité qui signifiait tenir à... dépendre de... 2
ATTENTER, v. a., former une entreprise contre les lois dans une chose capitale. 1
ATTÉNUER, v. a., affaiblir, diminuer les forces. — *les veilles ont atténué sa santé.* 1
ATTERRER OU ATTERRER, v. a., jeter par terre, abattre. *Il l'atterra sous lui.* 1
ATTERRIR OU ATTERRER, v. n., t. de mar., prendre terre. — *après la traversée.* 2
ATTESTER, v. a., assurer, certifier, soit de vive voix, soit par écrit. *Il atteste que...* 1
ATTIÉDIR, v. a., rendre tiède ce qui était chaud; diminuer l'ardeur. 2
ATTIFER, v. a., ajuster, parer avec recherche. *Elle est difficile à attifer.* 1
ATTINTER, v. a., t. de mar., assujettir les effets de chargement dans l'arrimage. 1
ATTIRER, v. a., tirer, faire arriver, faire venir à soi. *L'aimant attire le fer.* 1
ATTISER, v. a., rapprocher les tisons pour les faire mieux brûler. — *le feu.* 1
ATTITRER, v. a., pourvoir quelqu'un d'un titre, le charger d'un emploi. 1
ATTOUCHER, v. n., appartenir par la consanguinité, être parent, allié. 1
ATTRACTIONNER, v. a., attirer. *Le mérite est fait pour nous attractionner.* 1
ATTRAIRE, v. a., attirer, faire venir par le moyen de quelque chose qui plaît. 4
ATTRAPER, v. a., prendre à une trappe, à un piège. — *un loup.* — *un renard.* 1
ATTRAQUER, v. n., t. de mar., s'approcher, expression usitée dans le Levant. 1
ATTRIMPER, v. a., t. de vén., tromper, rouler. (Vieux et inusité.) 1
ATTRIBUER, v. a., attacher, annexer. — *à une charge des gages, des privilèges.* 1
ATTRISTER, v. a., rendre triste, affliger. *Vos reproches l'ont beaucoup attristé.* 1
ATTROUPER, v. a., assembler tumultueusement plusieurs personnes en troupes. 1
AUBINER, v. n., term. de man. Il se dit d'un cheval qui va l'aubin. (Peu usit.) 1

INDICATIF.

RADICAL.

CONDITIONNEL.

RADICAL	PRÉSENT. Singulier. JE	TU	IL	Pluriel. NOUS	VOUS	ILS	PASSÉ. sing.	plur.	ON DIT AUSSI sing.
J' ou.. / M' ou.	JE / ME	TU / TE	IL / SE	NOUS / NOUS	VOUS / VOUS	ILS / SE	j'aurais tu aurais il aurait / je me serais tu te serais il se serait	nous aurions vous auriez ils auraient / nous n. serions vous v. seriez ils se seraient	j'eusse tu eusses il eût / je me fusse tu te fusses il se fût
Termin. (1)	rais	rais	rait	rions	riez	raient	se conj. avec avoir (3) être		
arrérage....	—	—	—	—	—	—	—	•	arréragé
arrête.....	—	—	—	—	—	—	—	•	arrêté
arrhe......	—	—	—	—	—	—	—	•	arrhé
arriére....	—	—	—	—	—	—	—	•	arriéré
arriole....	...	...	—	...	...	—	•	—	arriolé....des
arrise.....	—	—	—	—	—	—	—	•	arrisé
arrive.....	—	—	—	—	—	—	•	—	arrivé......des
arroge.....	—	—	—	—	—	—	•	—	arrogé
arrondi....	—	—	—	—	—	—	—	•	arrondi
arrose.....	—	—	—	—	—	—	—	•	arrosé
arroute....	—	—	—	—	—	—	•	—	arrouté....
arrudi.....	...	...	—	...	...	—	•	—	arrudi....
articulise...	—	—	—	—	—	—	—	•	articulisé
articule....	—	—	—	—	—	—	—	•	articulé
artille.....	—	—	—	—	—	—	—	•	artillé
artisonne...	—	—	—	—	—	—	—	•	artisonné
asperge....	—	—	—	—	—	—	—	•	aspergé
asphyxie...	—	—	—	—	—	—	—	•	asphyxié
aspire.....	—	—	—	—	—	—	—	•	aspiré
assable....	—	—	—	—	—	—	—	•	assablé
assagi.....	—	—	—	—	—	—	—	•	assagi
assailli....	—	—	—	—	—	—	—	•	assailli
assaini....	—	—	—	—	—	—	—	•	assaini
assaisonne..	—	—	—	—	—	—	—	•	assaisonné
assassine...	—	—	—	—	—	—	—	•	assassiné
assavoure...	—	—	—	—	—	—	•	—	assavouré....de
assèche....	...	...	—	...	...	—	—	•	asséché
assemble...	—	—	—	—	—	—	—	•	assemblé
assène.....	—	—	—	—	—	—	—	•	assené
assenti....	—	—	—	—	—	—	—	•	assenti
assié......	—	—	—	—	—	—	•	—	assis
assermente..	—	—	—	—	—	—	—	•	assermenté
asserte....	—	—	—	—	—	—	—	•	asserté
asservi....	—	—	—	—	—	—	—	•	asservi
assoule....	—	—	—	—	—	—	—	•	assoulé
assiége....	—	—	—	—	—	—	—	•	assiégé
assigne....	—	—	—	—	—	—	—	•	assigné
assimile....	—	—	—	—	—	—	—	•	assimilé
assiste.....	—	—	—	—	—	—	—	•	assisté
associe....	—	—	—	—	—	—	—	•	associé
assole.....	—	—	—	—	—	—	—	•	assolé
assomme...	—	—	—	—	—	—	—	•	assommé
assorti.....	—	—	—	—	—	—	—	•	assorti
assote.....	—	—	—	—	—	—	—	•	assoté
assoupi....	—	—	—	—	—	—	—	•	assoupi
assoupli....	—	—	—	—	—	—	—	•	assoupli
assourdi....	—	—	—	—	—	—	—	•	assourdi
assouvi....	—	—	—	—	—	—	—	•	assouvi
assujetti....	—	—	—	—	—	—	—	•	assujetti
assume.....	—	—	—	—	—	—	—	•	assumé
assure.....	—	—	—	—	—	—	—	•	assuré
asticote....	—	—	—	—	—	—	—	•	asticoté
astreind....	—	—	—	—	—	—	—	•	astreint
astucie.....	—	—	—	—	—	—	—	•	astucié
atalante....	—	—	—	—	—	—	—	•	atalanté
atermoie....	—	—	—	—	—	—	—	•	atermoyé
atinte......	—	—	—	—	—	—	—	•	atinté
atourne....	—	—	—	—	—	—	—	•	atourné
attable.....	—	—	—	—	—	—	—	•	attablé
attache.....	—	—	—	—	—	—	—	•	attaché
attaque.....	—	—	—	—	—	—	—	•	attaqué
attarde.....	—	—	—	—	—	—	—	•	attardé
attédie.....	—	—	—	—	—	—	—	•	attédié
atteind.....	—	—	—	—	—	—	—	•	atteint
attelle.....	—	—	—	—	—	—	—	•	attelé
attend.....	—	—	—	—	—	—	—	•	attendu
attendri....	—	—	—	—	—	—	—	•	attendri
attendui....	—	—	—	—	—	—	—	•	attendui
attiend.....	—	—	—	—	—	—	—	•	attenu
attente.....	—	—	—	—	—	—	—	•	attenté
atténue.....	—	—	—	—	—	—	—	•	atténué
attère......	—	—	—	—	—	—	—	•	attéré
atterri.....	—	—	—	—	—	—	—	•	atterri
atteste.....	—	—	—	—	—	—	—	•	attesté
attiédi.....	—	—	—	—	—	—	—	•	attiédi
attife......	—	—	—	—	—	—	—	•	attifé
attinte.....	—	—	—	—	—	—	—	•	attinté
attire......	—	—	—	—	—	—	—	•	attiré
attise......	—	—	—	—	—	—	—	•	attisé
attitre.....	—	—	—	—	—	—	—	•	attitré
attouche...	—	—	—	—	—	—	—	•	attouché
attractionne	—	—	—	—	—	—	—	•	attractionné
....	...	...	...	...	...	...	—	•	....
attrape.....	—	—	—	—	—	—	—	•	attrapé
attraque....	—	—	—	—	—	—	—	•	attraqué
attrempe...	—	—	—	—	—	—	—	•	attrempé
attribue....	—	—	—	—	—	—	—	•	attribué
attriste....	—	—	—	—	—	—	—	•	attristé
attroupe...	—	—	—	—	—	—	—	•	attroupé
aubine.....	—	—	—	—	—	—	—	•	aubiné

IMPÉRATIF. — SUBJONCTIF. — INFINITIF. — PARTICIPES.

NOTES ET EXPLICATION DU TABLEAU.

Pour conjuguer, *le moyen* est d'autant plus simple qu'il est toujours le même : réunir au *radical* les différents *modificatifs*, et y ajouter la *terminaison* placée en tête. Faire précéder le tout du pronom pris à la personne et au temps que l'on veut écrire.

Exception unique. Lorsque le *modificatif* est imprimé en caractères italiques, la terminaison s'y trouve réunie. Il suffit de la joindre au *radical*. (*Voy.* le verbe Accueillir.)

(1) Terminaisons de la première conjugaison seule. Les terminaisons des trois autres conjugaisons étant trop diverses aux temps de l'*infinitif* et aux *participes*, pour être placées en tête, elles se trouvent réunies aux *modificatifs*.

(2) Le participe présent étant invariable, sa terminaison toujours en *ant* s'adapte à toutes les conjugaisons. C'est la seule exception à la note qui précède.

Le signe ainsi fait — est la répétition constante des *terminaisons* placées en tête. Il indique aussi l'auxiliaire du verbe, et la préposition que gouverne l'infinitif.

(3) Auxiliaires du verbe. (4) Prépositions que le verbe exige à sa suite. — Pour conjuguer avec l'auxil. *être*, on substitue le second pronom de la ligne des verbes pronominaux.

SIGNIFICATION FIGURÉE ET PRONOMINALE.

s'Arrérager, pron., laisser courir des années d'*arrérages* de revenu.
Arrêter, fig. : — *ses regards*, les fixer. — *sa pensée*, réfléchir. — *un compte*, le régler.
Arrher, donner des *arrhes*, de l'argent que l'on perd si l'on rompt le marché.
s'Arriérer, pron. : demeurer en arrière, en parlant de la marche, d'un paiement.
s'Arrioler. La mer *s'arriole* quand, battue par les lames, elle tombe du côté du vent.
Arriser, t. de mar., saisir. *Arrisez ces coffres pour qu'ils n'aillent point au roulis.*
Arriver, fig. : réussir. *Avec de tels moyens, on arrive toujours.* S'empl. impers.
s'Arroger, pron., s'attribuer, ne se conjugue qu'avec les deux pronoms.
Arrondir, fig. : — *une période*, lui donner de l'harmonie. — *sa fortune*. Pron.
Arroser, en parlant des fleuves. *La Seine arrose plusieurs départements.*
s'Arrouter, se mettre en chemin. Ce verbe a tout à fait vieilli, et ne se dit plus.
Arrudir. Ne s'emploie guère qu'à la 3me pers. de chaque temps. *Il s'arrudit.*
Articuliser. Ce verbe, peu usité maintenant, peut être un jour fort en usage.
Articuler, fig. : affirmer et circonstancier. — *des faits*. Pron. : *ce mot s'articule bien.*
Artiller, fig. : parer, garnir avec art ; opérer avec artifice. (Vieux et peu usité.)
Artisonner, d'*artison*, sorte de ver qui s'engendre dans le bois et le ronge. Pron.
s'Asperger, pron. : *Elle s'est aspergée d'eau bénite en entrant à l'église.*
s'Asphyxier, pron. : se faire mourir par une vapeur qui cause l'*asphyxie*.
Aspirer, n., prétendre à... — *aux honneurs*. *Il aspirait à l'empire du monde.*
s'Assabler, pron. : se remplir de sable, demeurer, s'arrêter sur le sable. (Inusité.)
s'Assagir, pron. : devenir sage. (Employé par Montaigne.) Peu usité.
Assaillir, fig. : dans le sens moral. *Toutes les tentations l'assaillirent à la fois.*
s'Assainir, pron. : Ce verbe ne se conjugue pronominalement qu'à la 3me pers.
Assaisonner, fig. : ajouter de l'agrément à... — *ses discours de saillies.*
Assassiner, fig. : nuire cruellement par des actes ou avec des paroles. Pron.
s'Assavourer, se gorger. Ce verbe a vieilli et est tout à fait inusité aujourd'hui.
Assécher. Ce verbe ne s'emploie qu'à la 3me personne de chaque temps.
Assembler, t. de mén., joindre plus. pièces pour qu'elles ne fussent qu'un tout.
Assener, fig. : frapper juste où l'on vise. En ce sens, peu usité. Pr. : s'assener.
Assentir. Ce verbe ne s'emploie guère qu'en jurisprudence et en philosophie.
Asseoir, fig. : fonder. — *un gouvernement sur les lois.* — *un jugement.* Pron.
s'Assermenter, pron. : s'assujétir à..., s'engager sous la foi du serment.
Asserter. Il signifiait aussi défricher les bois. Il a également vieilli en ce sens.
Asservir, fig. : dompter. — *ses passions*. Pron. : s'— *aux caprices des grands.*
Assouler, laisser seul. Ce verbe est tout-à-fait inusité aujourd'hui.
Assiéger, fig. : importuner. — *de ses visites*. Pron. : *Cette ville peut s'assiéger.*
Assigner, t. de jurisp., sommer, par exploit, de comparaître en justice. Pron.
s'Assimiler, pron. : se comparer à... *S'assimiler volontiers à ses supérieurs.*
s'Assister, pron. : *Celui-là n'est pas sage qui ne sait pas s'assister lui-même.*
s'Associer, pron. : se lier avec... *Il s'est associé avec une bande de fripons.*
Assoler, de *sole*, diviser les terres labourables en plusieurs soles. Pron.
Assommer, fig. : fatiguer, ennuyer. — *par ses bavardages.* — *de paroles oiseuses.*
Assortir, n., convenir à... *Cette couleur n'assortit pas à l'autre.* — *une étoffe.*
s'Assoter, pron. : s'infatuer. — *de sa personne.* *Il s'est assoté de cette femme.*
Assoupir, fig. : calmer. — *la douleur.* — *l'éclat.* — *une sédition*. Pron. s'assoupir.
Assouplir, fig. : — *le caractère de quelqu'un.* Pron. : *son caractère s'assouplit.*
Assourdir, en peint., diminuer la lumière dans les demi-teintes. Pr. : S'assourdir.
Assouvir, fig. : satisfaire une passion violente. — *sa vengeance dans le sang.*
Assujétir, fig. : dompter. *L'homme est libre, lorsqu'il assujétit ses passions.* Pr.
Assumer. On ne s'en sert que dans des phrases du genre de celles-ci... au dict.
Assurer, garantir. — *un vaisseau contre les hasards de la mer.* — *une maison.*
s'Asticoter, pron. : se contrarier, se taquiner. *Ces enfants s'asticotent toujours.*
s'Astreindre, pron. irr., s'assujétir à faire une chose. — *à un travail assidu.*
Astucier. Ce mot est nouveau ; mais il n'a pas pris faveur, il est même inusité.
s'Atalanter, pron. : agir de bonne grâce. — Vieux mot aujourd'hui inusité.
s'Atermoyer, pron. : prendre des termes de paiement envers ses créanciers.
s'Atinter, pron. : se parer avec trop de soin. *Elle est deux heures à s'atinter.*
s'Atourner, pron. : se parer avec recherche. *Cette femme aime à s'atourner.*
s'Attabler, pron. : se mettre à table avec l'intention d'y demeurer long-temps.
s'Attacher, pron. : *la boue s'attache aux habits.* — Fig. : — *à quelqu'un*, l'aimer.
Attaquer, fig. : ronger, altérer. *La rouille attaque le fer.* fam., entamer. — *un plat.*
s'Attarder, pron. : se mettre tard en route, se retirer trop tard. — *en chemin.*
Attédier. Ce mot qu'on trouve dans quelques auteurs vient de *taedium* ennui.
Atteindre, fig. : léser, blesser. *Cette mesure atteint le commerce.* Égaler.
s'Atteler, pron. : s'attacher à une voiture. *Ils s'attelèrent au chariot.*
s'Attendre, pron., se tenir comme assuré de, compter sur... *Je m'attends à souffrir.*
Attendrir, fig. : rendre sensible. *Le malheur attendrit les âmes bien nées.*
Attenduer. (Vieux et inusité). fig. : apaiser, tranquilliser.
Attenir, fig. : être parent. *Ce général attenait à une famille de rois.*
Attenter, — *contre la liberté publique*. — *sur la personne sacrée d'un prêtre.*
Atténuer, jur., rendre moins grave. *Ce délit est atténué par les circonstances.*
Attérer, fig. : accabler, affliger. *Cette réponse l'attéra.* t. de mar., prendre terre.
Atterrir, même sens que le précédent, mais a prévalu dans les ports.
Attester, fig. : prendre à témoin : *j'en atteste toute la ville.* Pron.
s'Attiédir, pron. : de chaud devenir *tiède*. Fig. : n'avoir plus tant d'ardeur.
s'Attifer, pron. : se parer avec affectation. *Cette femme est long-temps à s'attifer.*
Attinter, affermir les futailles, etc., afin que le roulis ne les dérange pas.
Attirer, fig. : faire venir par adresse. — *l'ennemi dans une embuscade*. Pron.
Attiser, fig. : aigrir les esprits. — *le feu de la guerre, de la sédition.*
Attitrer, fig. : donner la préférence. — *un marchand* (en ce sens inusité).
Attoucher, on disait aussi *attouchier*. Ces verbes ne sont plus en usage.
s'Attractionner, pron. : se joindre, se rapprocher par attraction.
Attraire. *Le sel est bon pour attraire les pigeons.* Ne s'emploie qu'à l'infinitif.
Attraper, fig. : tromper. — *un enfant*, atteindre en courant. Pron. *s'attraper à...*
Attraquer, se dit d'un navire qui accoste un quai pour charger plus facilement.
Attremper, fig. : modérer, se modérer. Vieux et inusité dans ces deux sens.
Attribuer, fig. : accorder. *On lui attribue des qualités*, s'attribuer. Pron.
s'Attrister, pron. : devenir triste. *Cette femme s'attriste de la conduite de sa fille.*
s'Attrouper, pron. : se réunir en troupe. *Ils s'étaient attroupés en grand nombre.*
Aubiner, vient de *aubin*, allure d'un cheval entre l'amble et le galop.

NOTES ET RENSEIGNEMENTS.

(1) La première ligne des pronoms, JE, TU, IL, etc., sert à conjuguer tous les verbes.
(2) On y ajoute la seconde ligne, ME, TE, SE, etc., pour les verbes pronominaux.
On remplace l'e par une apostrophe devant une voyelle ou un h muet.
On remplace les pronoms il, ils, par elle, elles, pour conjuguer au féminin.
(3) Terminaisons... (a) de la première, (b) servant aux quatre conjugaisons. (c) des deuxième, troisième et quatrième conjugaisons.
(4) Exception. Nous remplaçons [illegible] par un d dans le modificatif des verbes en dre.
(5) Cette colonne indique, par un chiffre, à quelle conjugaison appartient le verbe.
(6) Le participe passé, qu'il faut répéter à chaque personne des temps composés, n'est indiqué qu'une seule fois pour chaque temps ; ce qui nous permet de placer sous le prétérit indéf. de l'indicatif, l'infin. Allemand ; sous le prétérit antér., l'infin. Anglais, qui doit toujours être précédé de la préposition to. — Les verbes remplacés par des guillemets manquent ou ne peuvent être traduits que par une périphrase trop longue.

DICTIONNAIRE.

AUGER, v. a., t. de menuis., creuser en forme d'auge ou en augel. (Peu usité.)
AUGMENTER, v. a., accroître, rendre une chose plus grande, y ajouter. — sa fortune.
AUGURER, v. a., conjecturer. J'en augure bien, — mal. — un mauvais présage.
AUMÔNER, v. a., t. de prat. anc., donner par aumône, en vertu de condamnation.
AUNER, v. a., mesurer à l'aune. — botte à bois. — pince à pincer. mesure juste.
AUSCULTER, v. a., t. de physiol., explorer par l'ouïe les organes intérieurs.
AUTHENTIQUER, v. a., vieux t. de jur., rendre un acte authentique, manifeste.
AUTOGRAPHIER, v. a., faire un corps d'écriture par l'autographie. — une lettre.
AUTORISER, v. a., donner autorité, donner le pouvoir, la faculté, la permission.
AVACHIR (s'), v. pron., devenir lâche, mou, en parlant du cuir, des étoffes.
AVALER, v. a., faire descendre par le gosier dans l'estomac. — un bouillon. fam.
AVANCER, v. a., porter en avant. — la table. — le bras. Payer par avance.
AVANTAGER, v. a., donner des avantages à quelqu'un de préférence à un autre.
AVEINDRE, v. a., tirer une chose du lieu où elle est placée. Aveignez cette robe.
AVENIR, v. n., ou advenir pl. us. Arriver par accident. Advienne que pourra.
AVENTURER, v. a., hasarder, mettre à l'aventure, exposer au péril. — son bien.
AVÉRER, v. a., vérifier, prouver une chose. C'est un fait qu'on peut avérer.
AVERTIR, v. a., donner avis, informer de. On doit avertir avant de punir.
AVUER, v. a., t. de chasse, garder à vue, suivre de l'œil le gibier.
AVEUGLER, v. a., rendre aveugle, éblouir. Les éclairs nous aveuglèrent.
AVILIR, v. a., rendre vil, méprisable, dégrader, déprécier. La lâcheté avilit.
AVILLONNER, v. a., t. de faucon., se défendre avec les serres de derrière.
AVINER, v. a., imbiber de vin un vase de bois propre à en contenir. — un tonneau.
AVIRONNER, v. a., t. de marine, pousser, faire avancer un bateau avec l'aviron.
AVISER, v. a., donner avis, conseil. Un fou avise un sage. — fam., apercevoir.
AVITAILLER, v. a., fournir de vivres. — un camp. — une place menacée de siége.
AVIVER, v. a., animer, donner de la vivacité, de l'éclat. — des couleurs.
AVOCASSER, v. n., exercer la profession d'avocat. (Il se prend en mauvaise part.)
AVOIR, v. a., posséder de quelque manière que ce soit. — de l'esprit. — une maison.
AVOISINER, v. a., être proche, voisin de. Ne se dit que de la proximité du lieu.
AVORTER, v. n., accoucher avant terme. Elle prit des breuvages pour se faire —.
AVOUER, v. a., reconnaître qu'une chose est ou n'est pas. J'avoue mon ignorance.
AVOYER, v. n., t. de mar., commencer à souffler d'un autre rumb, en parl. du vent.
AVUSTER, v. a., t. de mar., nouer deux cordes l'une au bout de l'autre.
AZURER, v. a., teindre de l'azur. Peindre ou teindre en couleur d'azur; rendre bleu.
BABILLER, v. n., avoir du babil, parler beaucoup. Les femmes aiment à babiller.
BABOUINER, v. n., imiter le babouin, faire le bouffon. (Vieux et inusité.)
BACCHANALISER, v. n., faire la débauche, faire du tapage en buvant outre mesure.
BÂCHER, v. a., étendre la bâche d'une voiture, couvrir d'une bâche.
BACHINER, v. a., frapper sur un bassin pour annoncer quelque chose. (P. us.)
BÂCLER, v. a., fermer une porte, etc., par derrière, avec une barre en travers.
BACULER, v. a., bâtonner, donner des coups de bâton. (Il est tout-à-fait inus.)
BADAUDER, v. n., s'arrêter à regarder avec une curiosité niaise; niaiser. (Fam.)
BADIGEONNER, v. a., peindre avec du badigeon. — la façade d'une maison.
BADINER, v. n., faire le badin, plaisanter. Vous ne faites que badiner.
BAFOUER, v. a., se moquer injurieusement ou avec dédain. On l'a bafoué.
BÂFRER, v. n., manger goulûment et avec excès. Cet homme ne fait que bâfrer.
BAGUENAUDER, v. n., faire éclater des baguenaudes en les pressant dans ses doigts.
BAGUER, v. a., t. de tailleur. Faire tenir les plis en les cousant à grands points.
BAGUETTER, v. a., frapper qq. c. avec une baguette pour en faire sortir la poussière.
BAIGNER, v. a., mettre dans le bain. — mouiller. — son visage de pleurs.
BÂILLER, v. n., respirer en ouvrant la bouche involontairement. — de sommeil.
BAILLER, v. a., donner, livrer, mettre en main. (Inus. dans le langage ordin.)
BÂILLONNER, v. a., mettre un bâillon, empêcher de parler ou de crier.
BAISER, v. a., appliquer les lèvres sur une chose ou sur une personne. — la croix.
BAISOTTER OU BAISOTER, v. a. Elle est sans cesse à baisotter son enfant. (Fam.)
BAISSER, v. a., mettre plus bas. — un store. — diminuer la hauteur. — un mur.
BALAFRER, v. a., blesser en faisant une balafre. — quelqu'un d'un coup de sabre.
BALANCER, v. a., tenir en équilibre. — rendre incertain. — la victoire.
BALAYER, v. a., ôter les ordures d'un lieu avec un balai; nettoyer. — une cour.
BALBUTIER, v. n., prononcer mal, en hésitant et en articulant avec peine.
BALISER, v. a., t. de mar., mettre des balises pour marquer un banc dangereux.
BALIVERNER, v. n., railler quelqu'un, s'en moquer. On les a tous balivernés.
BALLER, v. n., danser. Ne faire que chanter et baller. (Vieux et inusité.)
BALLONNER, v. a., t. de méd., enfler, distendre. Des gaz lui ballonnent l'abdomen.
BALLOTTER, v. a., agiter en divers sens. La mer nous a longtemps ballottés.
BALOCHER, v. n., se promener lentement en se carrant dans les mêmes rues. (Inus.)
BALUSTRER, v. a., orner, entourer de balustrades; garnir de balustrades.
BANDER, v. a., lier et serrer avec une bande, un bandeau. — une plaie. — les yeux.
BANDEROLLER, v. a., attacher des banderolles à un vaisseau, à un édifice.
BANNER, v. a., couvrir avec une banne ou une toile. — des marchandises.
BANNIR, v. a., condamner par autorité de justice à sortir d'un état, d'une ville.
BANQUETER, v. n., faire un banquet, faire bonne chère. Fam. et peu usité.
BAPTISER, v. a., conférer le baptême. — un enfant. — une cloche. — un navire.
BAQUETER, v. a., ôter l'eau d'un bateau avec une pelle. (Peu usité et pop.)
BARAGOUINER, v. a., parler mal une langue. — un discours, le mal prononcer.
BARAQUER, v. n., faire des baraques. Les soldats baraquent dans la plaine.
BARATTER, v. a., remuer, agiter du lait dans une baratte pour faire du beurre.
BARBARISER, v. n., pécher contre la langue, se servir d'expressions barbares.
BARBEYER, v. n., t. de mar., se dit d'une voile battue en tous sens sans être enflée.
BARBIFIER, v. a., raser, faire la barbe. Ce perruquier barbifie bien. (Fam.)
BARBOTER, v. n., fouiller avec le bec dans la bourbe. Les canards barbotent.
BARBOUILLER, v. a., salir, souiller, tacher. — le visage. Peindre grossièrement.
BARDACHISER, v. a., commettre le crime des sodomites. (Vieux et inusité.)
BARDER, v. a., armer un cheval d'une armure appelée barde.
BARGUIGNER, v. n., hésiter, ne pas prendre de parti pour un achat, etc.
BARIOLER, v. a., peindre de diverses couleurs, sans règle et sans harmonie.
BAROCHER, v. a., terme de peint., faire jaillir de la couleur, de couleur sur le fond.
BARRER, v. a., fermer avec une barre par derrière. — une porte. — le chemin. — la rue.
BARRICADER, v. a., mettre une barricade contre... — une porte. — une fenêtre.

INDICATIF.

Présent — Imparfait — Prétérit défini — P. indéfini — P. antérieur — Pl. q. parfait — Futur présent — F. antérieur.

Pronoms : J' ou... JE, TU, IL, NOUS, VOUS, ILS ; M' ou... ME, TE, SE, NOUS, VOUS, SE.
P. indéfini : j'ai, tu as, il a ; nous avons, vous avez, ils ont — je me suis, tu t'es, il s'est ; nous nous sommes, vous v. êtes, ils se sont.
P. antérieur : j'eus, tu eus, il eut ; nous eûmes, vous eûtes, ils eurent — je me fus, tu te fus, il se fut ; n. fûmes, v. fûtes, ils se furent.
Pl. q. parfait : j'avais, tu avais, il avait ; nous avions, vous aviez, ils avaient — je m'étais, tu t'étais, il s'était ; n. étions, v. étiez, ils s'étaient.
F. antérieur : j'aurai, tu auras, il aura ; nous aurons, vous aurez, ils auront — je me serai, tu te seras, il se sera ; n. serons, v. serez, ils se seront.
Terminaisons du futur présent : ..rai, ..ras, ..ra, ..rons, ..rez, ..ront.

Radical	Conj.	Infinitif allemand	Infinitif anglais	Participe (P. antér.)	Radical (futur)	Participe (F. antér.)
aug...	1	trogeln	fill a trough	augé	auge	augé
augment...	1	vermehren	increase	augmenté	augmente	augmenté
augur...	1	muthmassen	conjecture	auguré	augure	auguré
aumôn...	1	almosen geben	bestow alms	aumôné	aumône	aumôné
aun...	1	ausmessen	measure by the ell	auné	aune	auné
auscult...	1	" "	" "	ausculté	ausculte	ausculté
authentiqu...	1	beglaubigen	render authentick	authentiqué	authentique	authentiqué
autographi...	1	autographieren	imitate original	autographié	autographie	autographié
autoris...	1	bevollmächtigen	authorize (writing	autorisé	autorise	autorisé
avach...	2	dick werden	grow flaggy	avachi ... fa	avachi	avachi ... fa
aval...	1	verschlucken	swallow	avalé	avale	avalé
avan...	1	vorrücken	advance	avancé	avance	avancé
avantag...	1	begünstigen	favour	avantagé	avantage	avantagé
avei...	4	nach etwas langen	fetch out	aveint	aveind	aveint
av...	2	geschehen	happen	avenu ... us	aviend	avenu ... us
aventur...	1	wagen	venture	aventuré	aventure	aventuré
avér...	1	erweisen	aver	avéré	avère	avéré
avert...	2	warnen	warn	averti	averti	averti
avu...	1	in's auge fassen	have an eye on	avué	avue	avué
aveugl...	1	blind machen	blind	aveuglé	aveugle	aveuglé
avil...	2	herabwürdigen	abase	avili	avili	avili
avillonn...	1	mit klauen packen	seize with the claw	avillonné	avillonne	avillonné
avin...	1	mit wein tränken	season with wine	aviné	avine	aviné
aviron...	1	rudern	row	avironné	avironne	avironné
avis...	1	berichten	give advice	avisé	avise	avisé
avitaill...	1	verproviantiren	store victual	avitaillé	avitaille	avitaillé
aviv...	1	beleben	brisk up	avivé	avive	avivé
avocass...	1	advocaten gewerbe treiben	be a pettifogger	avocassé	avocasse	avocassé
...	3	haben	have	eu	au	eu
avoisin...	1	angrenzen	border on	avoisiné	avoisine	avoisiné
avort...	1	fehl gebähren	miscarry	avorté	avorte	avorté
avou...	1	gestehen	confess	avoué	avoue	avoué
avo...	1	zu wehen anfangen	grow boisterous	avoyé	avoie	avoyé
avust...	1	taue zusammen binden	tie ropes	avusté	avuste	avusté
azur...	1	lasuriren	azure	azuré	azure	azuré
babill...	1	plaudern	prattle	babillé	babille	babillé
babouin...	1	affen	play the buffoon	babouiné	babouine	babouiné
bacchanalis...	1	Lärm machen	revel; make noise	bacchanalisé	bacchanalise	bacchanalisé
bâch...	1	bedecken	tilt	bâché	bâche	bâché
bachin...	1	auf ein becken schlagen	beat on a basin	bachiné	bachine	bachiné
bâcl...	1	verriegeln	make fast inwards	bâclé	bâcle	bâclé
bacul...	1	" " "	cudgel	baculé	bacule	baculé
badaud...	1	gaffen	gape about	badaudé	badaude	badaudé
badigeonn...	1	mit kreide austreichen	plaster	badigeonné	badigeonne	badigeonné
badin...	1	scherzen	play; jest	badiné	badine	badiné
bafou...	1	höhnen	abuse	bafoué	bafoue	bafoué
bâfr...	1	fressen wie ein thier	guttle	bâfré	bâfre	bâfré
baguenaud...	1	possen treiben	trifle time away	baguenaudé	baguenaude	baguenaudé
bagu...	1	aufladen schlagen	baste; rings away	bagué	bague	bagué
baguett...	1	mit gerten schlagen	beat with a rod	bagueté	baguette	bagueté
baign...	1	baden	bathe	baigné	baigne	baigné
bâill...	1	gähnen	gape; yawn	bâillé	bâille	bâillé
baill...	1	verpachten	give; deliver	baillé	baille	baillé
bâillonn...	1	knebeln	gag	bâillonné	bâillonne	bâillonné
bais...	1	küssen	kiss	baisé	baise	baisé
baisott...	1	beständig küssen	kiss constantly	baisotté	baisotte	baisotté
baiss...	1	niederlassen	let down	baissé	baisse	baissé
balafr...	1	eine schmarre versetzen	gash	balafré	balafre	balafré
bala...	1	schwanken	balance	balancé	balance	balancé
bala...	1	auskehren	sweep	balayé	balaie	balayé
balbuti...	1	stammeln	stammer; lisp	balbutié	balbutie	balbutié
balis...	1	sandbaken zeichnen	set buoys	balisé	balise	balisé
balivern...	1	possen vorbringen	play the fool	baliverné	baliverne	baliverné
ball...	1	bälle besuchen	dance	ballé	balle	ballé
ballonn...	1	wind machen	swell	ballonné	ballonne	ballonné
ballott...	1	ballotiren	toss	ballotté	ballotte	ballotté
baloch...	1	" "	" "	baloché	baloche	baloché
balustr...	1	mit docken verzieren	rail in	balustré	balustre	balustré
band...	1	verbinden	bind	bandé	bande	bandé
banderoll...	1	verwimpeln	set a streamer	banderollé	banderolle	banderollé
bann...	1	schirmen	tilt	banné	banne	banné
bann...	2	verbannen	banish	banni	banni	banni
banquet...	1	schmausen	feast	banqueté	banquette	banqueté
baptis...	1	taufen	baptise	baptisé	baptise	baptisé
baquet...	1	mit einer schaufel schöpfen	scoop up	baqueté	baquette	baqueté
baragouin...	1	fremd sprechen	speak oddly	baragouiné	baragouine	baragouiné
baraqu...	1	lagerhütten bauen	set in barracks	baraqué	baraque	baraqué
baratt...	1	buttern	churn	baratté	baratte	baratté
barbaris...	1	verrohen	speak evil	barbarisé	barbarise	barbarisé
barbey...	1	" "	shiver in the wind	barbeyé	barbeie	barbeyé
barbifi...	1	den bart machen	shave	barbifié	barbifie	barbifié
barbot...	1	im kothe stehen	dabble	barboté	barbote	barboté
barbouill...	1	schmieren	besmear	barbouillé	barbouille	barbouillé
bardachis...	1	knaben schänden	sodomyze	bardachisé	bardachise	bardachisé
bard...	1	verziehen	barb	bardé	barde	bardé
barguign...	1	wankeln, zaudern	haggle	barguigné	barguigne	barguigné
bariol...	1	unmischeckig bemalen	speckle	bariolé	bariole	bariolé
baroch...	1	" "	paint awkwardly	baroché	baroche	baroché
barr...	1	versperren	bar	barré	barre	barré
barricad...	1	sich versammeln	barricade	barricadé	barricade	barricadé

	CONDITIONNEL. PRÉSENT.						PASSÉ.		ON DIT AUSSI	IMPÉRATIF. PRÉSENT OU FUTUR.				SUBJONCTIF. PRÉSENT OU FUTUR.						IMPARFAIT.					
RADICAL	SINGULIER.			PLURIEL.			SING.	PLUR.	SING. / PLUR.	RADICAL	SING.	PLURIEL.		SINGULIER.			PLURIEL.			SINGULIER.			PLURIEL.		
J' ou..	JE	TU	IL	NOUS	VOUS	ILS	j'aurais tu aurais il aurait	nous aurions vous auriez ils auraient	j'eusse tu eusses il eût / nous eussions vous eussiez ils eussent					que JE	que TU	qu' IL	que NOUS	que VOUS	qu' ILS	que JE	que TU	qu' IL	que NOUS	que VOUS	qu' IL
M' ou.	ME	TE	SE	NOUS	VOUS	SE	je me serais tu te serais il se serait	nous n. serions vous v. seriez ils se seraient	je me fusse tu te fusses il se fût / nous n. fussions vous v. fussiez ils se fussent		-TOI	-NOUS	-VOUS	ME	TE	SE	NOUS	VOUS	SE	ME	TE	SE	NOUS	VOUS	SE
Termin. ☞	rais	rais	rait	rions	riez	raient	SE CONJ. AVEC avoir (1)	être	..... ☞ / ..... ☞	Termin. ☞	e.. s... ☞	ons ☞	ez.. ☞	... e	.. es	... e	.ions	.. iez	.. ent	.. sse	sses	.... t	ssions	ssiez	ssen
auge......	—	—	—	—	—	—	—	»	augé	aug........	—	c	—	—	—	—	—	—	—	ca	ca	cà	ca	ca	ca
augmente..	—	—	—	—	—	—	—	»	augmenté	augment ...	—	—	—	—	—	—	—	—	—	a	a	à	a	a	a
augure....	—	—	—	—	—	—	—	»	auguré	augur......	—	—	—	—	—	—	—	—	—	a	a	à	a	a	a
aumône ...	—	—	—	—	—	—	—	»	aumôné	aumôn	—	—	—	—	—	—	—	—	—	a	a	à	a	a	a
aune......	—	—	—	—	—	—	—	»	auné	aun........	—	—	—	—	—	—	—	—	—	a	a	à	a	a	a
ausculte ...	—	—	—	—	—	—	—	»	ausculté	auscult.....	—	—	—	—	—	—	—	—	—	a	a	à	a	a	a
authentique	—	—	—	—	—	—	—	»	authentiqué	authentiqu.	—	—	—	—	—	—	—	—	—	a	a	à	a	a	a
autographie	—	—	—	—	—	—	—	»	autographié	autographi..	—	—	—	—	—	—	—	—	—	a	a	à	a	a	a
autorise ...	—	—	—	—	—	—	—	»	autorisé	autoris	—	—	—	—	—	—	—	—	—	a	a	à	a	a	a
avachi....	—	—	—	—	—	—	»	—	avachi......ís	avach	i	iss	iss	iss	iss	iss	iss	iss	iss	i	i	i	i	i	i
avale......	—	—	—	—	—	—	—	»	avalé	aval........	—	—	—	—	—	—	—	—	—	a	a	à	a	a	a
avance.....	—	—	—	—	—	—	—	»	avancé	avan........	c	ç	c	c	c	c	c	c	c	ça	ça	çà	ça	ça	ça
avantage...	—	—	—	—	—	—	—	»	avantagé	avantag	—	e	—	—	—	—	—	—	—	ea	ea	eà	ea	ea	ea
aveind	—	—	—	—	—	—	—	»	aveint	avei.........	n	gn	gn	gn	gn	gn	gn	gn	gn	gni	gni	gni	gni	gni	gni
aviend	...	...	—	...	...	—	»	—	avenu.....us	av..........	.....	.....	.....	....	....	ienn	....	....	ienn	....	....	în	.....	....	în
aventure ..	—	—	—	—	—	—	—	»	aventuré	aventur.....	—	—	—	—	—	—	—	—	—	a	a	à	a	a	a
avère......	—	—	—	—	—	—	—	»	avéré	av..........	ér	ér	ér	èr	èr	èr	èr	èr	èr	éra	éra	érà	éra	éra	éra
averti......	—	—	—	—	—	—	—	»	averti	avert.......	i	iss	iss	iss	iss	iss	iss	iss	iss	i	i	i	i	i	i
avue......	—	—	—	—	—	—	—	»	avué	avu........	—	—	—	—	—	—	—	—	—	a	a	à	a	a	a
aveugle....	—	—	—	—	—	—	—	»	aveuglé	avengl	—	—	—	—	—	—	—	—	—	a	a	à	a	a	a
avilir	—	—	—	—	—	—	—	»	avili	avil.........	i	iss	iss	iss	iss	iss	iss	iss	iss	i	i	i	i	i	i
avillonner .	...	...	—	...	...	—	—	»	avillonné	avillonn....	—	—	—	....	....	—	....	....	—	....	....	à	.....	....	a
avine......	—	—	—	—	—	—	—	»	aviné	avin	—	—	—	—	—	—	—	—	—	a	a	à	a	a	a
avironne. .	—	—	—	—	—	—	—	»	avironné	avironn.....	—	—	—	—	—	—	—	—	—	a	a	à	a	a	a
avise	—	—	—	—	—	—	—	»	avisé	avis........	—	—	—	—	—	—	—	—	—	a	a	à	a	a	a
avitaille...	—	—	—	—	—	—	—	»	avitaillé	avitaill.....	—	—	—	—	—	—	—	—	—	a	a	à	a	a	a
avive......	—	—	—	—	—	—	—	»	avivé	aviv........	—	—	—	—	—	—	—	—	—	a	a	à	a	a	a
avocasse...	—	—	—	—	—	—	—	»	avocassé	avocass.....	—	—	—	—	—	—	—	—	—	a	a	à	a	a	a
au.........	—	—	—	—	—	—	—	»	eu	....	ai	ay	ay	ai	ai	*ait*	*ayons*	*ayez*	ai	eu	eu	eû	eu	eu	eu
avoisine ...	—	—	—	—	—	—	—	»	avoisiné	avoisin.....	—	—	—	—	—	—	—	—	—	a	a	à	a	a	a
avorte......	—	—	—	—	—	—	—	»	avorté	avort.......	—	—	—	—	—	—	—	—	—	a	a	à	a	a	a
avoue......	—	—	—	—	—	—	—	»	avoué	avou	—	—	—	—	—	—	—	—	—	a	a	à	a	a	a
avoie......	...	...	—	...	...	—	—	»	avoyé	avo.	....	.....	.....	....	....	i	....	.. .	i	....	....	yà	.....	....	a
avuste.....	—	—	—	—	—	—	—	»	avusté	avust......	—	—	—	—	—	—	—	—	—	a	a	à	a	a	a
azure	—	—	—	—	—	—	—	»	azuré	azur	—	—	—	—	—	—	—	—	—	a	a	à	a	a	a
babille.....	—	—	—	—	—	—	—	»	babillé	babill	—	—	—	—	—	—	—	—	—	a	a	à	a	a	a
babouine ..	—	—	—	—	—	—	—	»	babouiné	babouin	—	—	—	—	—	—	—	—	—	a	a	à	a	a	a
bacchanalise	—	—	—	—	—	—	—	»	bacchanalisé	bacchanalis..	—	—	—	—	—	—	—	—	—	a	a	à	a	a	a
bâche......	—	—	—	—	—	—	—	»	bâché	bâch.......	—	—	—	—	—	—	—	—	—	a	a	à	a	a	a
bachine....	—	—	—	—	—	—	—	»	bachiné	bachin	—	—	—	—	—	—	—	—	—	a	a	à	a	a	a
bâcle......	—	—	—	—	—	—	—	»	bâclé	bâcl........	—	—	—	—	—	—	—	—	—	a	a	à	a	a	a
bacule.....	—	—	—	—	—	—	—	»	baculé	bacul.......	—	—	—	—	—	—	—	—	—	a	a	à	a	a	a
badaude....	—	—	—	—	—	—	—	»	badaudé	badaud.....	—	—	—	—	—	—	—	—	—	a	a	à	a	a	a
badigeonne.	—	—	—	—	—	—	—	»	badigeonné	badigeonn ..	—	—	—	—	—	—	—	—	—	a	a	à	a	a	a
badine	—	—	—	—	—	—	—	»	badiné	badin	—	—	—	—	—	—	—	—	—	a	a	à	a	a	a
bafoue	—	—	—	—	—	—	—	»	bafoué	bafou	—	—	—	—	—	—	—	—	—	a	a	à	a	a	a
bâfre......	—	—	—	—	—	—	—	»	bâfré	bâfr........	—	—	—	—	—	—	—	—	—	a	a	à	a	a	a
baguenaude	—	—	—	—	—	—	—	»	baguenaudé	baguenaud..	—	—	—	—	—	—	—	—	—	a	a	à	a	a	a
bague......	—	—	—	—	—	—	—	»	bagué	bagu.......	—	—	—	—	—	—	—	—	—	a	a	à	a	a	a
baguette...	—	—	—	—	—	—	—	»	baguetté	baguett.....	—	—	—	—	—	—	—	—	—	a	a	à	a	a	a
baigne	—	—	—	—	—	—	—	»	baigné	baign	—	—	—	—	—	—	—	—	—	a	a	à	a	a	a
bâille......	—	—	—	—	—	—	—	»	bâillé	bâill	—	—	—	—	—	—	—	—	—	a	a	à	a	a	a
baille	—	—	—	—	—	—	—	»	baillé	baill	—	—	—	—	—	—	—	—	—	a	a	à	a	a	a
bâillonne ..	—	—	—	—	—	—	—	»	bâillonné	bâillonn	—	—	—	—	—	—	—	—	—	a	a	à	a	a	a
baise......	—	—	—	—	—	—	—	»	baisé	bais........	—	—	—	—	—	—	—	—	—	a	a	à	a	a	a
baisote....	—	—	—	—	—	—	—	»	baisoté	baisot......	—	—	—	—	—	—	—	—	—	a	a	à	a	a	a
baisse.....	—	—	—	—	—	—	—	»	baissé	baiss.......	—	—	—	—	—	—	—	—	—	a	a	à	a	a	a
balafre....	—	—	—	—	—	—	—	»	balafré	balafr......	—	—	—	—	—	—	—	—	—	a	a	à	a	a	a
balance....	—	—	—	—	—	—	—	»	balancé	balan.......	c	ç	c	c	c	c	c	c	c	ça	ça	çà	ça	ça	ça
balaie.....	—	—	—	—	—	—	—	»	balayé	bala........	i	y	y	i	i	i	y	y	i	ya	ya	yà	ya	ya	ya
balbutie...	—	—	—	—	—	—	—	»	balbutié	balbuti.....	—	—	—	—	—	—	—	—	—	a	a	à	a	a	a
balise.....	—	—	—	—	—	—	—	»	balisé	balis.......	—	—	—	—	—	—	—	—	—	a	a	à	a	a	a
baliverne..	—	—	—	—	—	—	—	»	baliverné	balivern....	—	—	—	—	—	—	—	—	—	a	a	à	a	a	a
balle......	—	—	—	—	—	—	—	»	ballé	ball........	—	—	—	—	—	—	—	—	—	a	a	à	a	a	a
ballonne...	—	—	—	—	—	—	—	»	ballonné	ballonn.....	—	—	—	—	—	—	—	—	—	a	a	à	a	a	a
ballotte....	—	—	—	—	—	—	—	»	ballotté	ballott......	—	—	—	—	—	—	—	—	—	a	a	à	a	a	a
baloche....	—	—	—	—	—	—	—	»	baloché	baloch......	—	—	—	—	—	—	—	—	—	a	a	à	a	a	a
balustre ...	—	—	—	—	—	—	—	»	balustré	balustr.....	—	—	—	—	—	—	—	—	—	a	a	à	a	a	a
bande......	—	—	—	—	—	—	—	»	bandé	band.......	—	—	—	—	—	—	—	—	—	a	a	à	a	a	a
banderolle.	—	—	—	—	—	—	—	»	banderollé	banderoll...	—	—	—	—	—	—	—	—	—	a	a	à	a	a	a
banne......	—	—	—	—	—	—	—	»	banné	bann.......	—	—	—	—	—	—	—	—	—	a	a	à	a	a	a
banni......	—	—	—	—	—	—	—	»	banni	bann.......	i	iss	iss	iss	iss	iss	iss	iss	iss	i	i	i	i	i	i
banquette..	—	—	—	—	—	—	—	»	banqueté	banqu......	ett	et	et	ett	ett	ett	et	et	ett	eta	eta	età	eta	eta	eta
baptise.....	—	—	—	—	—	—	—	»	baptisé	baptis......	—	—	—	—	—	—	—	—	—	a	a	à	a	a	a
baquette...	—	—	—	—	—	—	—	»	baqueté	baqu	ett	et	et	ett	ett	ett	et	et	ett	eta	eta	età	eta	eta	eta
baragouine	—	—	—	—	—	—	—	»	baragouiné	baragouin ..	—	—	—	—	—	—	—	—	—	a	a	à	a	a	a
baraque....	—	—	—	—	—	—	—	»	baraqué	baraqu.....	—	—	—	—	—	—	—	—	—	a	a	à	a	a	a
baratte	—	—	—	—	—	—	—	»	baratté	baratt	—	—	—	—	—	—	—	—	—	a	a	à	a	a	a
barbarise...	—	—	—	—	—	—	—	»	barbarisé	barbaris....	—	—	—	—	—	—	—	—	—	a	a	à	a	a	a
barbeie....	...	...	—	...	...	...	—	»	barbeyé	barbey.....	.....	.....	.....	....	....	—	....	....	—	....	....	à	.....	....	a
barbifie ...	—	—	—	—	—	—	—	»	barbifié	barbifi	—	—	—	—	—	—	—	—	—	a	a	à	a	a	a
barbote	—	—	—	—	—	—	—	»	barboté	barbot.....	—	—	—	—	—	—	—	—	—	a	a	à	a	a	a
barbouille..	—	—	—	—	—	—	—	»	barbouillé	barbouill ...	—	—	—	—	—	—	—	—	—	a	a	à	a	a	a
bardachise..	—	—	—	—	—	—	—	»	bardachisé	bardachis...	—	—	—	—	—	—	—	—	—	a	a	à	a	a	a
barde......	—	—	—	—	—	—	—	»	bardé	bard	—	—	—	—	—	—	—	—	—	a	a	à	a	a	a
barguigne ..	—	—	—	—	—	—	—	»	barguigné	barguign ...	—	—	—	—	—	—	—	—	—	a	a	à	a	a	a
bariole.....	—	—	—	—	—	—	—	»	bariolé	bariol......	—	—	—	—	—	—	—	—	—	a	a	à	a	a	a
baroche....	—	—	—	—	—	—	—	»	baroché	baroch	—	—	—	—	—	—	—	—	—	a	a	à	a	a	a
barre......	—	—	—	—	—	—	—	»	barré	barr	—	—	—	—	—	—	—	—	—	a	a	à	a	a	a
barricade..	—	—	—	—	—	—	—	»	barricadé	barricad....	—	—	—	—	—	—	—	—	—	a	a	à	a	a	a

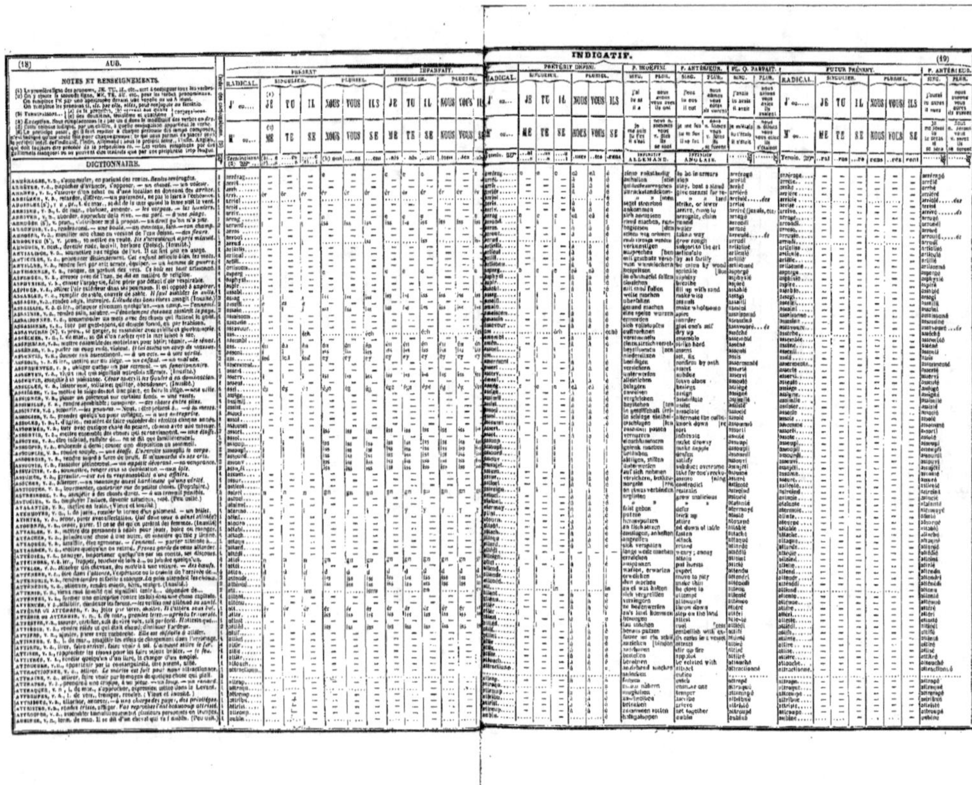

PROSPECTUS.

L'importance du Verbe dans l'expression de la pensée, le puissant secours qu'il prête à la phrase, dont il est le flambeau, les diverses formes qu'il revêt pour exprimer de nouvelles idées, sont autant de propositions suffisamment démontrées par les grammairiens, et qui, dans notre modeste ouvrage, paraîtraient au moins prétentieuses et superflues.

Ce qu'il nous importe de faire connaître, c'est l'exposé de notre plan.

Un traité complet de la Conjugaison des Verbes français, était devenu depuis long-temps un besoin impérieux, non-seulement pour les naturels du pays, mais aussi pour cette multitude d'étrangers qu'attirent chez nous la beauté de notre langue, la richesse de notre sol et la supériorité de notre civilisation.

Mais l'exécution d'un pareil livre n'était pas sans quelque embarras; car l'imagination la plus hardie avait dû reculer, non pas devant les difficultés du travail, mais en présence de cette lourde agglomération de *modes, de temps, de pronoms* et de *terminaisons*, dont il fallait éviter la répétition fastidieuse, sous peine de faire un ouvrage beaucoup trop volumineux pour qu'il soit à la fois *clair*, *précis* et *commode*.

La *Méthode Synoptique* nous a seule paru appelée à satisfaire cette triple exigence, en renfermant dans un simple cahier d'une TRENTAINE de feuilles, ce que ne pourraient contenir QUATRE *volumes à deux colonnes*, quelque compacts qu'ils fussent.

En annonçant un DICTIONNAIRE SYNOPTIQUE, nous laissérions croire que nous usons largement du mode d'abréviations, si nous ne répondions d'avance *qu'il n'existe pas un seul mot* abrégé *dans tout le cours de notre ouvrage*. Ce que nous abrégeons, c'est le temps et le papier, perdus dans les publications de ce genre, par la répétion incessante de mots qu'il nous suffit *à nous*, de placer une seule fois en tête de notre page, pour cojuguer de front et d'une seule ligne, 90 verbes.

Nous arrivons à ce résultat en plaçant dans la première colonne de notre Dictionnaire, le verbe, avec ses diverses significations; puis, dans la seconde, le *radical pur*; enfin, dans les colonnes qui suivent, *le radical variable*. En sorte qu'il suffit de réunir ces deux radicaux et d'y joindre la *terminaison* qui se trouve en tête, pour avoir en *toutes lettres*, le temps et la personne du verbe que l'on veut conjuguer.

Qu'il nous soit permis de citer quelques-uns des avantages de notre système, qui, nous l'espérons, une fois compris du public, fera de notre ouvrage, un livre populaire.

En première ligne, nous placerons la *facilité des recherches* pour les personnes qui *savent*, mais dont la mémoire infidèle, a besoin d'être souvent renseignée.

Il leur suffira de feuilleter *quelques pages seulement* pour mettre le doigt sur la solution d'une difficulté quelle qu'elle soit.

Mais, c'est aussi pour les enfants que nos Tableaux peuvent avoir une immense portée. C'est surtout à cet âge qu'il importe d'économiser un temps précieux, que l'on pourrait appeler le *temps de la moisson*, pendant lequel ils ne sauraient faire *une récolte trop abondante*.

Le mécanisme de nos Tableaux, quoique simple, les mettra dans l'impossibilité du faire de la routine; ils travailleront d'autant mieux, qu'ils seront forcés de se rendre compte, de leur besogne, et ne pourront copier *machinalement*.

Par la disposition de notre cadre, les verbes *irréguliers*, et nous dirons même, les *irrégularités* des verbes *réguliers*, en se détachant de nos colonnes *radicales*, apparaissent *isolément*, et par conséquent plus *ostensibles* dans les colonnes voisines; en sorte que la recherche en est d'une facilité qu'on ne rencontre dans aucun autre ouvrage.

Enfin, sous le rapport typographique, nous ferons nos efforts pour que notre Publication soit sans reproche.

CONDITIONS DE LA SOUSCRIPTION.

LE DICTIONNAIRE SYNOPTIQUE paraît par livraison de 8 pages in-4°, contenant CENT QUATRE-VINGT Verbes conjugués en toutes lettres avec leur signification propre, figurée et pronominale; annotés de remarques et citations puisées dans les auteurs les plus célèbres.

NOTA. La dimension de notre cadre, ne nous permettant pas de mettre moins de 180 Verbes, est un sûr garant du nombre de livraisons que nous annonçons.

29 LIVRAISONS.

Il paraît une Livraison toutes les semaines

PRIX de chaque Livraison : 30 Centimes.

BOULÉ et Comp., imp., rue Coq-Heron, 3,

www.ingramcontent.com/pod-product-compliance
Lightning Source LLC
LaVergne TN
LVHW010253030726
842520LV00007B/2906